おいしさと驚きの料理を作る

サイエンス・レシピ

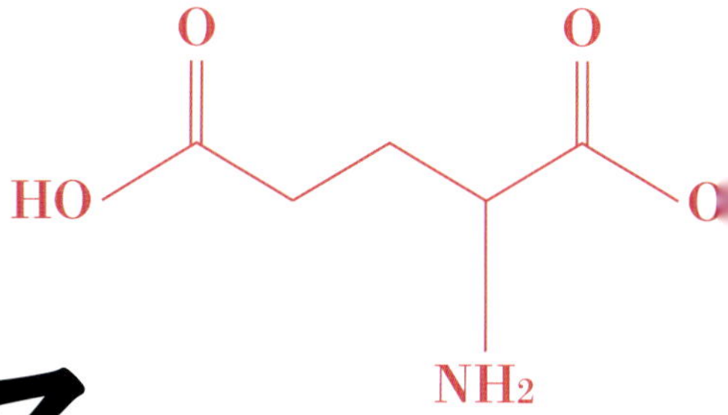

科学が創造する新しい味

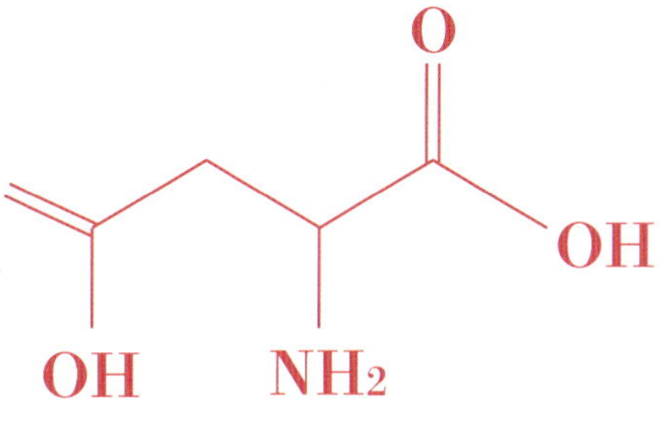

旭屋出版

もくじ

本書を読むにあたって
・料理の解説で記載している調理中の食材の変化は、シェフの実践に基づいたデータです。異なる環境の下では、温度や時間等に差が出る場合があります。
・料理で使用する器具は、各店での呼び名で表記しているため、同じ器具でも違う名前になっている場合があります。

身体が求めるおいしさとは何か？

「生体制御学」から見るおいしさの法則

サルキッチン
内藤泰治

生体制御学とは、生き物の身体の仕組みや、生きるために身体が自然とおこなっている働きを研究する学問だ。大学で生体制御学を専攻していた内藤シェフは、その知識を調理場で活用し、味づくりのベースにしている。

人間は、身体の細胞を作るための栄養や、身体を動かすためのエネルギーを「食べる」ことで取り入れている。味覚は、口に入れたものが毒ではないか、身体の栄養になるかどうかを見極めるために備わっている機能だ。エネルギー源になる糖分や、細胞のもとになるタンパク質やミネラルなどを食べると、味覚は、甘い、うまい、しょっぱいなど、心地よいというセンサーを発し、その食べ物を「おいしい」と判断する。これが、「身体が求める根源的なおいしさ」だ。

栄養素が入っていても、身体のなかでうまく吸収できない状態のまま食べると「おいしい」というセンサーは反応しづらい。逆に、身体になじみやすい形にすれば、消化に余計なエネルギーを使わず効率よく栄養を吸収できるため、脳は強く「おいしい」というサインを出す。すなわち、おいしいものを作るには、栄養を吸収しやすい形に食材を変化させればよい。

まず、栄養が豊富なよい食材を選び、栄養にならない不要な物質（人間の舌は、これを雑味に感じる）を取り除き、切る、加熱、味つけなどで、食べやすい形に加工する。すべての調理工程を栄養を吸収しやすくするための作業と捉え、調理によって人間の「おいしい」センサーを最大限に刺激しようとするのが、内藤シェフが考える料理の方法論だ。

じつは、人間のおいしいという感覚には、「身体が求めるおいしさ」以外に、これまでの食経験や、食に関する情報によって培われた「好みや情報に基づくおいしさ」

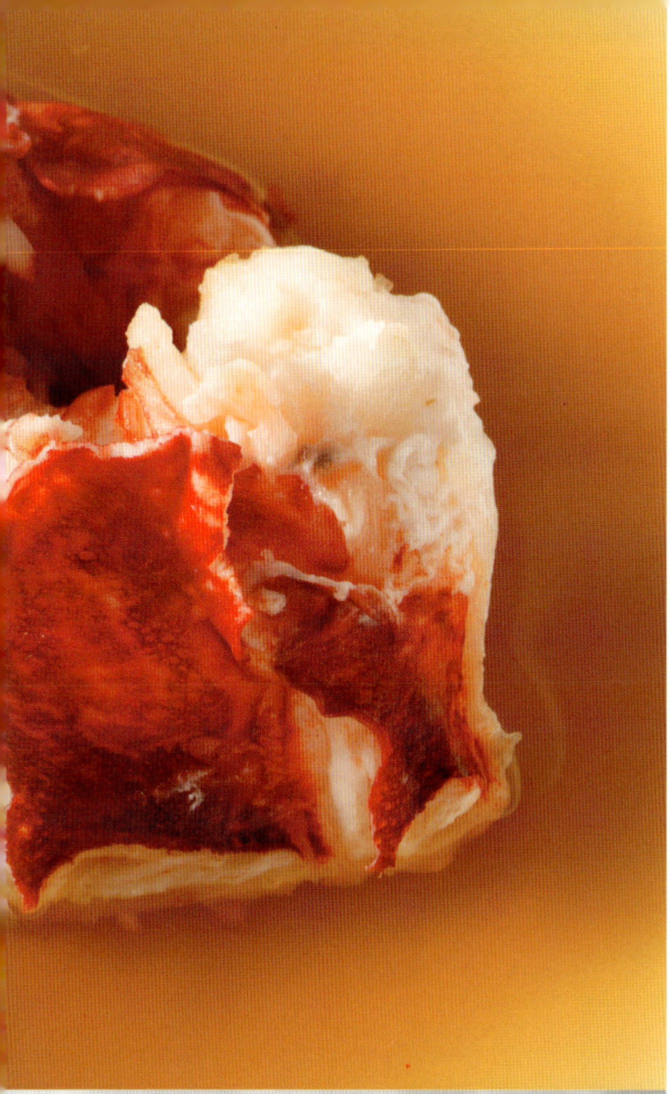

が存在している。たとえば、濃厚な味のラーメンを食べ続けてきた人は、その経験から、身体が求めていなくても、濃厚な味を「おいしい」と感じるようになる。

　また、本来は「食べてはいけない」という危険を知らせるセンサーであった「苦味」も、山菜のように香りや食感などとセットで脳が記憶すれば、その場合は「おいしい」と感じるようになる。ただ、どれぐらいの苦味を許容できるかは、人によって異なる。

　「身体が求めるおいしさ」の感覚は、人間すべてが共通であるのに対して、「好みや情報に基づくおいしさ」は個人差が非常に大きい。脳がおいしいと錯覚しているだけで、身体が求める根源的なおいしさからはかけ離れている可能性もある。

　内藤シェフは、脳の錯覚が引き起こす個人的な「好み」にはふりまわされず、あくまで身体が真に求めるおいしさだけを追求している。そのために調理技術を磨くのはもちろん、自分自身の好みと、身体が求める根源的なおいしさを一致させておくことも重要なのだという。

　素材そのものが持つ要素を、身体が「おいしい」と感じられる味わいにするには、食材と食べ手である人間を自然現象として考える生体制御学の知識が役立つ。今回は、「身体が求めるおいしさ」を作るために必要不可欠な「塩分濃度」「うま味」「雑味の除去」「適切な火入れ」について、基本的な料理を例に解説してもらった。

　栄養を吸収しやすくするための調理は、万人に共通した「おいしさ」を生み出す技術である。その知識をまずは正しく理解し、新たな料理の創作に応用してほしい。

身体が求めるおいしさとは何か？

塩分は体液と同じ濃度が理想
危険センサーの苦味はほどよく

米を炒めるさいに使用した菜種油と、油脂分が含まれるチーズによって、塩味が感じづらいので、塩は適量よりやや多めに加える。

人間の体液の塩分濃度は、約０・９％。身体は、その濃度を変えられることを強く拒否する。身体には、体内の状態を一定に保とうとする機能が備わっているからだ。

そのため、０・９％以上の塩分濃度のものを食べると、脳が拒否反応を起こして、「しょっぱい」と感じ、０・９％以下だと、「なんだか物足りない」と感じる。つまり、料理中の塩分濃度を０・９％になるように調整しておけば、身体にすっとなじむため、「心地よいおいしさ」を感じさせることができる。

内藤シェフは、野菜の塩ゆでなど、下味の段階から常に０・９％の塩分濃度を意識する。重量によって塩分濃度を割り出すため、肉や魚に塩をふるときには、必ず手に持って重さを感じ取り、０・９％量を的確にふる。訓練によって、重さの感覚を身体にしみ込ませることが大切だ。

煮込みやソースも同様で、仕上がり時に０・９％の塩分濃度になるように調節する。ただし、仕上げの段階では注意が必要。じつは、料理に油脂が加わると、油脂が味の成分を味覚に対してブロックするため、舌にダイレクトに味の成分が伝わらず、味を感じづらくなってしまう。

ここで紹介する山菜とチーズのリゾットの場合、米を炒めるさいに使用した油と、油脂分を含むチーズが入ることで、塩味が感じづらくなっている。そこで、油脂によって味がコーティングされるぶんを計算し、舌が０・９％を感じられるよう、塩分濃度をほんの少し高めに設定してある。

冷たい料理の場合は、油脂を使う場合でも塩分は高くしすぎない。温かい料理がさめると、しょっぱく感じた経験は誰しもある思う。これは、温度が低くなることで、うま味と甘味を舌が感じづらくなり、塩味が強調されて起こる現象だ。

ちなみに、人間が感じるとされる五味のうち、苦味、うま味、甘味は体温近くでもっとも強く味を感じ、温度が下がったり、上がるにつれて感じづらくなる。逆に温度に影響を受けないのが、塩味と酸味で、冷たい料理では、ほかの味が感じづらいぶん、強調されやすい。

また、今回は、リゾットのなかに苦味のある山菜を加えている。苦味は、本来は毒を判断するための危険センサーであるため、苦味単体ではおいしいとは感じられない。塩味、うま味、甘味といった身体が喜ぶ味や、山菜などの特有の香りとセットになることで、苦味を受け入れることができる。したがって、苦味のある食材を使うさいには、ほかの味や香りを普段より強く引き出す必要がある。

ここでは、チーズに含まれるうま味成分以外に、米を炊くさいにアサリの煮汁を使用し、うま味を補強している。とはいえ、どんなにほかの味を引き出しても、苦味が強くなると不快にしか感じ取れないので、苦味は「ほどよい」量以上には入れてはいけない。

作り方は106ページ

山菜とチーズのリゾット

うま味は脳に快楽を与える成分
雑味を除去するほど、身体になじむ味になる

クラリフェするときは、卵白が固まるまでは吹き
こぼれそうになっても温度をしっかり上げること。
温度が低いと卵白が散って、白濁し、雑味が残る。

貝、海老、蟹、チーズ……、うま味が強い食べ物には、なぜか熱烈なファンを持つ食材が多い。これには、脳のしくみが深く関わっている。

うま味を身体に取り込むと、脳内の報酬系と呼ばれるシステムが働き、ドーパミンという神経伝達物質が分泌される。このドーパミンが脳内に増えると、人は快楽を感じる。つまり、うま味の多いものを食べると、脳は快楽を感じるわけだ。

ちなみに、甘味も口に入れると、うま味と同様にドーパミンが分泌される。うま味と甘味は、脳に快楽を与える黄金の組み合わせである。

ここで紹介するオマール海老のコンソメは、うま味成分が豊富な甲殻類から、クラリフェによって苦味などの余計な味を取り除き、うま味、甘味、よい香りだけを抽出した快楽成分のかたまり。余計な雑味を取り除き、クリアな味に仕立てることで、身体になじみやすく、味をダイレクトに感じるようになる。

このコンソメには、オマール海老と水以外には、炒めるときのバター、鍋にこびりついたうま味をこそぐための少量の酒、クラリフェ用の卵白と玉ねぎしか入っていない。それでも口に入れた瞬間に、舌が痺れるようなおいしさを感じるのは、今回使用したオマール海老自体にうま味が凝縮しているからだ。

オマール海老のコンソメ

作り方は107ページ

オマール海老は冬に使われることが多いが、産卵期前の6月ごろは栄養をたっぷりと蓄えており、1年の中でもっともうま味が強くなる。うま味の豊富な食材は、雑味を取り除くだけで、十分においしいと感じられる濃度にまで味を高められる。

逆に、食材自体のうま味が足りないと、どれだけ加工しても味が増すことはないので、ほかの食材で補強しなければいけなくなる。味を足せば足すほど、風味が複雑化し、内藤シェフが引き出したい食材本来のおいしさからはかけ離れてしまう。たしかな食材選びは、料理を作る上での基本であり、もっとも重要な工程だ。

オマールの身を焼くときは、殻で蓋をするように焼くと、蒸し焼きと同じ効果が得られる。

肉の火入れの目的は、細胞を壊し、味を引き出すこと

焼き固められ、収縮した表面の厚さは約1㎜。中心までしっかりタンパク質の変性を起こさせて味を引き出しつつ、収縮は最低限に留めているため、ジューシーさを味わえる。

肉や魚の火入れについては、常に料理人たちの議論の中心となってきた。とくに、1996年に3つ星を獲得したパリ「アルページュ」のシェフ、アラン・パッサール氏が低温・長時間加熱を提唱してからは、タンパク質の変性、分水作用、メイラード反応など、加熱によって起こる作用を科学的に捉え、温度を管理しながら、ジューシーに仕上げる技を探究する風潮が高まった。

そんな現代のなかで、もう一度振り返って考えたいのが、そもそもなぜ、火入れを行うかという理由だ。

肉は、生のときは弾力が強く、なかなか噛み切れないが、火入れをすると柔らかく、歯切れがよくなる。そのメカニズムは、知ってのとおりタンパク質の変性。筋肉は、ほとんどが水分とタンパク質からできており、約50～65℃でタンパク質の構造が崩れ、柔らかくなる。温度に幅があるのは、タンパク質にはいくつかの種類があり、種類ごとに変性の温度が異なるからだ（タンパク質の詳しい変性温度は、100ページを参照）。

タンパク質の構造が崩れるということは、言い換えれば、「肉の細胞が壊れる」ということ。細胞が壊れることで、細胞内に詰まっていた風味が外に流出し、舌で味を感じられるようになる。肉のタンパク質は頑丈で、生の状態だと、噛んだ程度では細胞は壊れない。生肉料理の「タルタルステーキ」や「ユッケ」が強い味つけなのは、肉自体の味を感じられないため、やむを得ずほかの食材で味をつけているのである。

加熱しすぎると、タンパク質が収縮して固くなり、肉のなかの水分も外に流出してしまう。その失敗を心配するあまり、中心まで火を通しきらず、半生状態に仕上げてしまうと、中心部分は細胞が壊れていないので、噛んでも味がせず、肉の持っている味わいをまったく生かしきれない。タンパク質の収縮はごくわずかにとどめながら、中心まできちんと細胞を壊し、肉の味をいかに引き出せるかが、料理人の腕の見せどころだ。

内藤シェフの場合、鹿肉は煙が出るまでの高温で熱したフライパンで瞬間的に焼き色をつけ、200度のオーブンで3分焼き、オーブンから取り出したらボウルを被せて蒸し焼き状態で2分休ませる。この作業をサイズや個体に合わせて数回繰り返し、余熱でじわじわと中心まで加熱していく。

最初に焼き色をつけるのは、メイラード反応による芳香とうま味をつけるのが一番の目的だが、従来いわれていた「表面を焼き固めることで中の水分を閉じ込める」という効果についても、多少は期待できるそうだ。

また、火入れによる「殺菌効果」も、見過ごしてはならない課題だ。材料がよければ生食でも大丈夫だと思われるかもしれないが、どんなに品質管理を徹底し、鮮度がよかったとしても、寄生虫やウイルスを持っている可能性はゼロにはできない。とくにジビエや豚肉は、E型肝炎のリスクを抱えている。

殺菌効果が十分得られ、なおかつ、タンパク質の収縮が進まないよう火入れするのは非常に難しいが、感染症の危険性をいま一度しっかりと認識し、安全性を徹底したうえで、ジューシーな火入れを追求してほしい。

京都丹波産野生日本鹿ロース肉のロースト

作り方は108ページ

魚の火入れは、2つの作業を同時に行う必要がある

皮面から9割9分焼き、身側は仕上げにごく弱火で表面を温める程度。出てきた脂はそのつど取り除く。

魚の場合、タンパク質の量自体は肉と変わらないが、タンパク質のひとつであるコラーゲンの割合が肉に比べて少ないため、火入れしなくても柔らかい。とはいえ、肉と同様に火入れで細胞を壊さないと、本来の味わいは引き出せない。ただし、コラーゲンが少ないぶん、水分を身の中にとどめておく力も弱いので、水分の蒸発が非常に早い。水分の蒸発をいかに防ぎながら、火入れできるかがポイントになる。

魚介類に含まれている「海洋性コラーゲン」は、肉のコラーゲンよりも変性温度が低く、ごく低温でコラーゲンに結合していた水分が離れ出し、28℃を境にがらりと食感が変わる。さらに40℃からは凝固がはじまって、徐々に硬くなっていく。

また、魚特有の臭みは、皮に集中しているため、皮の水分を蒸発させることで臭みも揮発して、感じなくなる。したがって魚を加熱するときには、皮は完全に焼ききって水分を飛ばし、身はタンパク質がほぼ変性しきる60℃以上に加熱して細胞を壊しながら、水分の蒸発は最低限にとどめなければならない。1回の火入れで2つの作業を行わなければいけないため、魚の火入れは非常に難しい。

時間をかけすぎると、皮面の水分を飛ばしている間に身に火が入りすぎて硬くなってしまうが、高温で一気に皮面を焼きつけると、身には火が入りきらない。魚種によって

金目鯛のポワレとトマトのロースト

身の水分が蒸発する時間が異なるため、皮面を焼ききる時間と、身から水分が流出し、収縮する時間を魚種ごとに計算し、火加減を決定する。

金目鯛は、水分の蒸発が早いため、冷たいフライパンに皮面を下にしてのせたら、中火よりやや弱い温度で焼きはじめる。身から溶け出た脂はキッチンペーパーでこまめに取り除き、脂からの熱伝導で身に火が入るのを防ぐ。

甲殻類をえさにしている金目鯛は、皮を焼ききって臭みを完全に取り除くと、皮から特有の海老香が漂ってくる。この香りが最大の持ち味なので、香りが出るまでしっかりと焼きつける。

作り方は108ページ

皮面は香ばしく焼き色がついているが、身の内部はぎりぎりまで水分がとどまっている。

煮込みはさまし方でおいしさに差がつく

肉に味がしみ込むのは50〜45℃の温度帯

水を少しずつ加えながらじっくり煮る。15分をすぎると一気に味が出てくる。

肉のすじや皮が弾力があって硬いのは、タンパク質のなかでも特に硬いコラーゲンが豊富に含まれているからだ。コラーゲンは約65℃で収縮をはじめてさらに硬くなるが、70℃あたりから、コラーゲンの分子がほぐれて柔らかくなる。これをコラーゲンのゼラチン化という。ゼラチン化すると、水に溶けやすくなり、壊れた細胞からゼラチンと一緒に味と水分が煮汁に溶け出す。

細胞が壊れた肉は、水分が抜けたスポンジと同じ状態になっている。加熱しているときには、肉から煮汁のほうへ味が出ていくが、温度が低下するときには浸透圧で煮汁が肉の中にしみ込んでいく。この、煮汁から肉への水分移動がもっとも活発になるのが50〜45℃の間。それ以下では、どんなに冷やしても水分移動が起こらないので、味はしみ込まない。

煮込んだあとに急冷すると、50〜45℃の間を一瞬ですり抜けてしまうため、味の浸透は見込めない。また、煮込みを冷やした状態でひと晩寝かせても、じつはほとんど変化はない。

食材の味だけを引き出したいという内藤シェフは、煮込み料理でも香辛料は使わず、香味野菜も玉ねぎのみ。余計な香りを排除し、クリアに仕上げる。さらにクリアさを際立たせるため、フォンも使用しない。かわりに、煮込む前にはしっかりと肉の表面を焼き固め、メイラード反応の芳香と、うま味成分を増幅させておく。透き通った煮汁は、肉から溶け出たうま味が十分に感じられながらも、すっきりとした後味だ。

つけ合わせのレタスも、しっかり加熱して細胞を壊す。野菜の場合は、細胞を取り囲む細胞壁が熱によって壊れることで、柔らかくなり、味も感じやすくなる。

内藤シェフのレタスのゆで時間は、なんと15分以上。細胞が壊れることで、色と食感は失われるが、そのぶん、レタス本来の風味が非常に強く感じられる。仕上げに、外葉をさっと湯通しし、よくゆでたレタスを巻いて、鮮やかな色と食感のよさを補ったら完成だ。

ただし、使用するレタス自体に十分な味が備わっていないと、どんなに加熱しても味は出てこない。内藤シェフは、栃木県益子市で有機栽培をおこなっている「藤田至善農園」の野菜が、凝縮した味わいでもっとも気に入っている。

煮込むことでコラーゲンが溶けてゼラチン化し、独特のとろみが出る。

短角牛のすね肉の赤ワイン煮込み

作り方は109ページ

科学で瞬間的な
おいしさをつくる

旬と時間を駆使した、
「いま」しか味わえない料理

レストラン エール
山本英男

「いま、この瞬間、この場にいる人にしか味わえない料理がつくりたい」

山本シェフが食い入るように見つめるのは、旬の食材がびっしりと書き連ねられたメモだ。品種まで細かく振り分けて書かれた食材は、野菜だけでじつに１００種以上にのぼり、旬の期間や価格、仕入れ先など細かな情報が表組になっている。

料理を組み立てるときには、まずこの表組から使いたい食材をピックアップする。そのなかからメイン食材を定め、つぎは相性のよい食材を同じメモのなかからいくつもピックアップし、旬の食材だけで料理を構成する。さらに、食材のなかの引き出したい味わい、調理法、供してからの状態変化を書き添えていく。はじめに紙に書き出し、見える形で情報を整理していくのが、山本シェフのやり方だ。

瞬間的なおいしさをつくるためには、旬を取り入れるだけでなく、時間を大切にする。すぐに食べないと形が崩れてしまうもの、香りが飛んでしまうもの、食材が新鮮なうちでないと作れないものなど、「ア・ラ・ミニッツ」な料理を追求する。一方で、熟成や発酵といった、時間をかけなければ出来上がらない料理にも取り組む。ア・ラ・ミニッツとは対極でありながら、こちらも時間をかけるほどおいしくなるものではなく、味のピークは非常に短い。どちらも、いましか味わえない料理なのだ。

「調べないと気がすまない」というシェフのメモには、加熱による状態変化や、香り成分、色素変化などが細かく記録されている。もともとは、料理について客に訊ねられたときに答えられるようにと調べはじめたそうだが、食材や加熱温度について知識を増やしていくうちに、新しい表現方法が次々と思い浮かぶようになった。

試してみたい機器も自然と増えていった。エスプーマや液体窒素も自由自在に使いこなしているように見えるが、修業時代に扱った経験はまったくのゼロ。使い方だけでなく、空気を含ませる利点や、液体窒素による瞬間凍結が食材に与える効果など、化学変化についても詳しく調べ、自分なりの使い道を見出してきた。

多くの時間を費やして得た知識が、瞬間的なおいしさを生み出している。

寒天で固めて細く切ることで、光が反射してキラキラと輝き、料理全体の透明感をさらに強調できる。

料理の構造

生のイカを白くなる前に素早く薄造りにし、透明感のある状態に仕上げる。干した仔牛すじ肉から煮出したジューを寒天で固めてパスタ状に細く切り、無色になるよう漉し取ったガスパチョの液体をソースに。レシチンを加えて泡立てたオリーブオイルの泡を添える。

シェフの狙い

「ア・ラ・ミニッツ」でしか作れない儚くも美しい透明の料理。生きた状態でしか透明さを発揮しないイカの薄造りを中心に、すべてのパーツを透明になるように調理する。食感は変化に富み、ガスパチョの酸味もしっかりと効かせ、見た目の儚さとは裏腹の、力強い味わいに仕上げる。

味をつくる科学的技法

イカの透明造り

イカの色素は、色素胞という細胞の中に入っており、筋繊維によって支えられている。筋繊維が収縮すると色素胞が引っ張られて色が薄くなり、筋繊維が弛緩すると、色素胞が縮んで白くなる。生きている間は、色素胞を自在にコントロールして色を変えられるが、イカが死ぬと、筋繊維が徐々に弛んで色素胞を支える力を失い、色が白くなる。生きた状態ですばやくさばけば、筋繊維が弛んでいないので、30分程度は透明状態を保てる。

活きイカをさばくと、向こうが透けて見えるほど透明で美しい。

オイルへの香りの抽出と泡立ち

香りには、脂溶性と水溶性の成分があり、パッションフルーツの香りを構成する主要成分の多くは脂溶性である。低温でゆっくり加熱すれば、色や味は出ず、脂溶性の香りだけを油に移せる。高温では香りの成分が変質してよい香りにならず、ミキサーで混ぜ合わせると白く濁って透明には保てない。また、油脂量の多い液体を泡立てる場合は、乳化剤の大豆レシチンを加えても30°C以下または75°C以上では粘度が減少してうまく泡立たない。50〜70°Cでもっとも泡立ちがよく、安定する。

クリスタルパスタ

作り方は110ページ

料理の構造

せん切りしたビーツを発酵させ、紫キャベツとシャドークイーンのマリネと一緒にサラダに仕立てる。発酵したジューは、ゼラチンで粒状に固める。残ったジューにタピオカを漬け込んで色づけ、発酵バターで作ったバタークリーム、フルーツトマト、ビーツパウダー、熟成鹿のローストと一緒に盛り合わせる。

シェフの狙い

ボルシチの構成要素に熟成と発酵のうま味を加え、サワークリームの酸を、発酵で得られる酸に置き換えて、「時間が作るおいしさ」を提案する。熟成と発酵は、どちらも酵素によって分解と合成が起こる反応で、うま味成分であるアミノ酸が食材のなかに豊富にでき、２つのうま味成分を重ねることで、相乗効果によるうま味の増幅も期待できる。

味をつくる科学的技法

ビーツの乳酸発酵

ビーツは60℃に火入れしてから発酵させると退色せず、鮮やかな色を保ったまま、ほどよい酸味をつけられる。生の状態では、３日をすぎるとビーツの酵素で退色してしまう。火入れしたビーツはそのままでは発酵しないので、生の赤キャベツを発酵種として加える。発酵時にはクミンパウダーとセロリシードを加え、クミンのいぶされたような刺激的な香りで、ビーツの甘味を際立たせる。

発酵を開始して３日目。ほどよい酸味が出てきたころ。味見をしながらもう数日おく。

発酵で出てきたジューは、ソースに利用する。

発酵ビーツと熟成鹿の冷製ボルシチ

作り方は113ページ

科学で瞬間的な
おいしさをつくる

料理の構造

３段階の食感になるように火入れしたアカザ海老を主役に、卵黄で乳化させたなめらかなラヴィゴットソース、液体窒素で粒状に固めたフランボワーズソース、バルサミコソースの３種を敷き、レモンのヴィネグレットと海老みそであえたクスクスを盛りつけ、サラダに仕立てる。

シェフの狙い

修業先で学んだサラダオマールの新解釈。先輩たちのDNAを受け継ぎ、新たな料理へと昇華させていきたいという思いを、構成要素はそのままに、見た目と形状に変化をつけて表現した。バルサミコソースとフランボワーズソースで描いた模様は、DNAの二重らせん構造と人の細胞を表している。

味をつくる科学的技法

海老の３段階火入れ

海老は40℃でタンパク質の変性がはじまり、50℃で筋繊維が収縮して食感が変化する。60℃で水分が流出しはじめ、同時に色素のアスタキサンチンがタンパク質との結合からはずれて赤く発色する。そこで、沸騰した湯で１分程度ゆで、すぐに氷水で冷やし、外側は60℃、芯温は42℃になるよう火入れする。表皮は赤く発色させ、外側の身は水分流出を最小限にとどめ、中心は生に近いねっとりとした食感に仕上げる。

加熱による海老の変化

40℃	タンパク質の変性が開始。 筋繊維は隙間なく並んでいる状態。
50℃	筋繊維が収縮しはじめ、 弾力ある食感に変化する。
60℃	水分が流出しはじめる。表皮が赤く変色。

表面と芯温に変化をつけることで、内側はねっとり、外側はぷりっと弾力ある食感になる。

DNA

作り方は111ページ

料理の構造

干した仔牛のすじ肉と干したはしきれ野菜から煮出したジューでスープを作り、九条ねぎの色と香りを抽出したオイルをたらす。洋ねぎのエスプーマ、炭火で蒲焼きにした穴子をのせ、自家製おこげと玉ねぎのスプラウトを飾る。

シェフの狙い

海外でも人気の高い愛知県の郷土料理「ひつまぶし」を再構築。本来は捨てられてしまうはしきれ野菜と仔牛のすじ肉でスープを作り、「自然を尊敬し、余すことなく大切に使い切る」という日本古来の美学も皿に込める。

味をつくる科学的技法

干し野菜と干し肉

野菜や肉を干すと、水分が抜けて味が凝縮する。野菜の場合、干すことでビタミンD、ビタミンB群、カルシウム、鉄分、ナイアシンなどの栄養素が増える。また、野菜に含まれる酵素が乾燥時に温められることで活性化し、でんぷんを分解して、ぶどう糖や麦芽糖などの糖を生成するため、生野菜より味が濃くなる。肉の場合も、乾燥時に温められることで酵素が活性化し、グルタミン酸などのうま味成分の含有量が増す。

仔牛のすじ肉は、ワインや砂糖などで一晩マリネし、乾燥させる。ジャーキー風の味わい。

ねぎオイルの香りの効果

ねぎの主な臭気成分は脂溶性なので、加熱することで香りがオイルに溶け出す。50℃以上になるとねぎの細胞内の葉緑体が壊れて緑色が退色する。50℃以下で加熱し、香りと色の両方をオイルに移す。

今回使用したはしきれ野菜は、マッシュルームの芯、キャベツと白菜の外側の葉、アスパラガスの皮、とうもろこしの芯、ヤングコーンのひげ。透明感を生かすため、色が出ない食材を選んでいる。

ひつまぶし

作り方は115ページ

科学で瞬間的なおいしさをつくる

客席でガラス蓋をはずし、まずはメイラード反応の香りを楽しんでもらう。

料理の構造

塩竈《しおがま》焼きでア・ポワンに火入れした仔牛をガラス蓋で覆い、メイラード反応の香りをつけた煙を中に充満させる。炒めた青りんご、玉ねぎ、アンディーブのオレンジ煮、ピーナッツバターでコンディマンを作り、まわりにルビーオニオンを並べる。洋ねぎのフリット、パンデピスのクルトンを飾り、コーヒー豆の香りを移した赤ワインソースを添える。

シェフの狙い

仔牛肉の繊細な味わいは、焼き色に含まれる芳ばしい香りや味にかき消されやすい。そこで、塩竈焼きで焼き色をつけず、仔牛のミルキーな味わいを十分に引き出す。そこに、メイラード反応を起こした別の素材を組み合わせ、「メイラード反応味」で仔牛を食べてもらう。仔牛の繊細さと、メイラード反応による香ばしさと甘味を両立させる。

味をつくる科学的技法

メイラード反応

メイラード反応は、糖とアミノ酸が熱によって結合することで起こる。肉や魚の焼き色を連想することが多いが、糖とアミノ酸を含む食材なら、どんなものでも起こせる。炒めた野菜や果物、ローストしたナッツやコーヒー豆の風味も、メイラード反応によるものであり、同じ反応によって出来上がったこれらの材料には、共通の味わいと香りがあり、非常に相性がよい。

メイラード反応のスモーク

アミノ酸を含むチョコレート麦芽と、糖を含む麦芽糖、香りづけのカルダモンをスモークガンに入れて火をつけ、メイラード反応を起こし、その煙を肉にまとわせる。肉にスモークをかけると、酸味が肉につくが、この方法なら酸味はつかず、メイラードの芳ばしい香りだけを楽しめる。

上段と中央は、メイラード反応を起こす前の素材と、起こした後の素材。下段は、スモークガンに使う材料。コーヒー豆はソースに使用する。

メイラード反応のデクリネゾン

作り方は117ページ

科学で瞬間的なおいしさをつくる

料理の構造

粉末、液体、アイスクリームのショートケーキをそれぞれ作り、粉末ショートケーキの上にアイスクリームをのせ、飴で飾る。液体のショートケーキはグラスに入れ、別皿で供する。

粉末	ジェノワーズとフリーズドライのいちごを混ぜ合わせて粉砕し、生クリームといちごのソースを粉末で覆う。
液体	加熱でいちごのエキスを抽出し、ジェノワーズ味のエスプーマと生クリーム味の泡を３層になるようにグラスに注ぐ。
アイスクリーム	ジェノワーズ味、生クリーム味、いちご味のエスプーマを球状に絞り出して凍らせる。

シェフの狙い

同じ組み合わせでも、形状と温度が変わるだけでまったく別の味わいに感じることを楽しんでもらう。

味をつくる科学的技法

いちごの加熱

野菜や果物は、細胞が壊れると水分と一緒に味が外に溶け出てくる。細胞を壊すには、砂糖や塩をまぶして浸透圧を利用するか、加熱するかのどちらかだが、砂糖や塩を使うと、添加した調味料の味がついてしまう。加熱なら、いちごだけの純粋な味わいが引き出せる。単純に絞った場合は、細胞を壊しきれず、味が十分抽出できないうえ、色も濁ってしまい、透明感が出せない。

加熱によって、鮮やかな色と味が水分と一緒に流出。透明感のあるエキスが取れる。

エスプーマのアイスクリーム

アイスクリームの口当たりのなめらかさをもっとも大きく左右するのが、「オーバーラン」と呼ばれる空気の含有量。含有量が多いほど、なめらかで口当たりが軽く、少ないほど、味が濃厚に感じられるが、食感は固くなる。エスプーマを使えば、きめ細やかな気泡を含ませられるので、なめらかな口溶けと軽い食後感に仕上げられる。

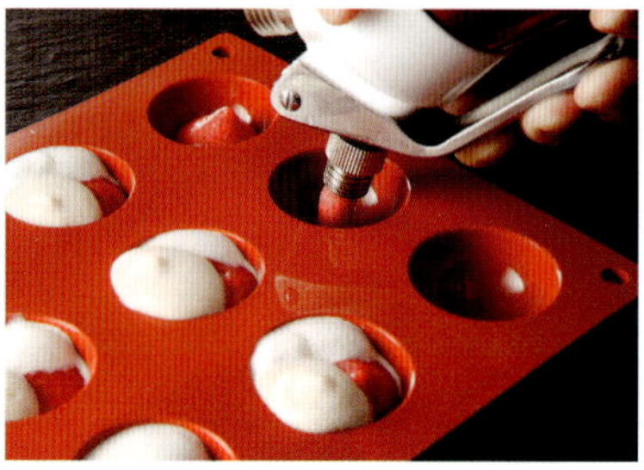

3種のエスプーマをひとつの型に流し入れて凍らせ、自然なマーブル模様にする。

3種のショートケーキ

作り方は119ページ

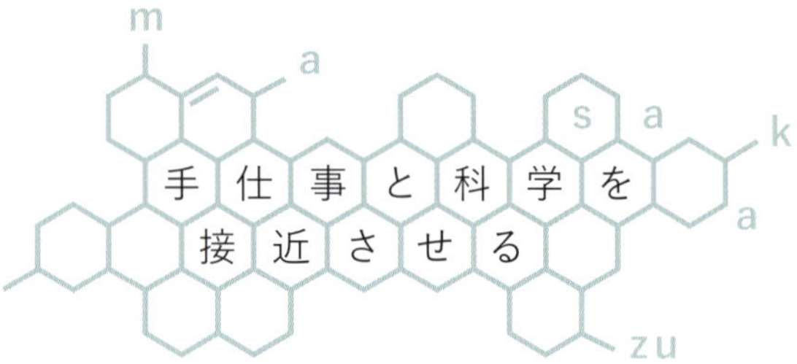
手仕事と科学を
接近させる
m a s a k a zu

食材の潜在的な力を引き出す原始的な火入れ術

鳴神

鳴神正量

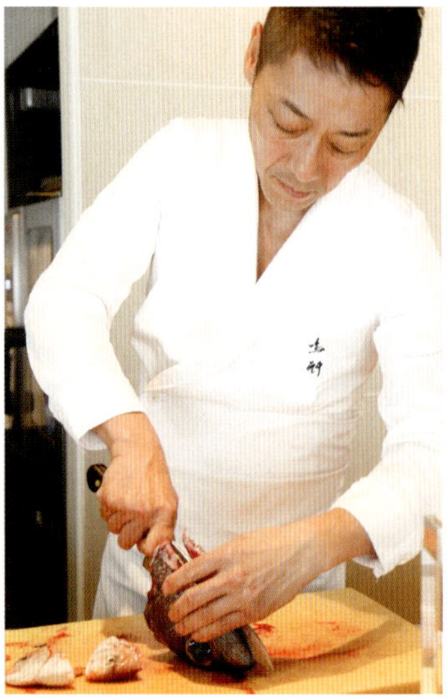

鳴神のオープンからはや14年。常連客も、店と共に齢を重ね、求められる味わいは、濃厚なものから、軽やかで口になじみやすいものへと変化してきた。

フランス料理らしいおいしさと軽さの両立を追求するうち、シェフがたどり着いたのが、食材を極限まで減らし、フランス料理ならではの組み合わせの妙をストレートに味わえるシンプル料理だった。少ない材料だけで満足感のある味わいに仕立てるには、ひとつひとつの素材の特質を最大限に引き立てることが必要になる。そのもっとも効果的な方法こそが、「火入れ」だ。

これまで、真空調理や新しい凝固剤など、最新の機器を積極的に取り入れ、驚きのある料理の創作に余念がなかったが、その考え方も徐々に変化してきた。レストランは、おいしいものを提供すると共に、非日常を感じてもらう空間。時代が進み、IH調理器などが一般家庭にも浸透したいま、最先端の調理技術よりも、むしろ「原始的」とも言える手仕事にこそ、「非日常」を感じてもらえるのではないかと考えるようになった。

移転のさい、店づくりのテーマに据えたのが、この「原始的な非日常」。「焼き」の作業はすべて炭火に切り替え、オープンキッチンの目立つ部分に炭床を設置した。炭火には、素材に的確に火入れする以外に、聴覚と嗅覚を刺激する役割もある。食材が焼けるときの香り、パチパチと弾ける音をあえて客に感じてもらうことで、料理への期待感と食欲を刺激する狙いがある。

「スチームコンベクションで全体に均一に火を入れ、サラマンドルで皮の水分だけを飛ばしてカリッとした食感を出し、桜のチップで燻香をつける」と、以前は、それぞれの効果を分解して調理を行うことも多かった。しかし、このやり方ではどうしても調理工程ごとの境界線が食材にはっきりとついてしまう。炭火焼きなら、工夫次第で、すべての効果を一連の作業で行える。そのぶん、失敗のリスクも大きいが、焼きのグラデーションがつくので、より自然で一体感のある状態に仕上げられる。

一連の作業の中で、どこまで思いどおりに焼き上げられるのか。最新機器を扱うなかで培ってきた科学的な知識を用いながら、鳴神シェフは「炭火焼き」という職人芸を日々磨いている。

料理の構造

緑色のソースは、すりおろしたズッキーニを加えたフュメ・ド・ポワソン。炭火焼きで半生状に仕上げた桜マス、米糠《こめぬか》でアク抜きし、薄切りにした竹の子の穂先をシンプルに盛りつける。

シェフの狙い

炭火で皮の水分を瞬時に飛ばして焼き色をつけながら、身の半分はレアに仕上げ、ねっとりした食感と、加熱で得られる豊かな風味を同時に感じさせる。フュメ・ド・ポワソンにはレモンを効かせ、バターを加えず吉野葛でとろみをつけ、すっきりと爽やかな味の一皿にまとめる。

味をつくる科学的技法

炭火焼き

炭火はフライパンに比べて熱伝導が悪く、高温で火入れしても全体に熱が行き渡るには時間がかかる。皮側だけを焼くことで、身には火が入りすぎず、皮に焼き色をつけられる。身の厚みがある部分には、身の中心部に串を打ち、薄いほうは皮と身の間に串を打つ。厚い部分は金串の熱伝導で内側からも火を入れ、均一になるよう調節する。余分な脂を落とし、軽い燻香もまとわせる。

身の厚さによって金串を打つ位置を調節し、串の熱伝導を利用して均一に火を入れる。

身は皮側から半分程度まで火を入れ、残りは温まる程度にとどめる。

桜マスの炭火焼き ズッキーニのソース
竹の子の付け合わせ

作り方は121ページ

料理の構造

主役は半生状に蒸した白魚。味つけはせずにセルクルに詰め、アスパラガスをメインに、洋ねぎ、玉ねぎ、じゃがいも、生クリームで作ったソース、牛コンソメのジュレを流す。蒸したアスパラガスを盛りつけ、タイムの花を散らす。

シェフの狙い

白魚を半生状態に蒸し、外側はふんわり柔らかく、中心は生ならではの歯応えも残す。食感に変化をつけるだけでなく、噛むことで白魚らしい風味と苦味が引き出せる。

味をつくる科学的技法

蒸し

65°Cのスチームコンベクションで40秒加熱。凝固がはじまりかけているが、まだ透明感も残る状態に仕上げる。加熱しすぎると、風味と食感が損なわれ、ほかの小魚との違いがなくなってしまう。

透明感が残る程度に火入れする。コースの終わりに土鍋で蒸したごはんを供するさいには、炊き上がった鍋に、生の白魚を加え、一緒に蒸らすと同様の状態に仕上がる。

春から夏にかけては、北海道産が透明感が高く、身質が整っている。火入れした際のふんわりと柔らかな食感が身上。

北海道産白魚とアスパラガスのブルーテ
コンソメのゼリー寄せ タイム風味

作り方は120ページ

料理の構造

ノドグロ、クロムツなど、脂がのった白身魚と、鯛、平目などの淡泊な白身魚を組み合わせて取ったコクの強いフュメ・ド・ポワソンに、全卵を加えてアパレイユを作る。このわたを加え、スチームコンベクションで固め、吉野葛でとろみをつけたフュメ・ド・ポワソンを表面に流す。

シェフの狙い

フュメ・ド・ポワソンの濃厚なおいしさを味わってもらうための、スープ的な位置づけ。液体で飲むよりも、卵で固めたほうが口の中にとどまる時間が長くなり、味を感じやすい。このわたの塩味とうま味、食感はアクセントとして利用し、飽きを防ぐ。

味をつくる科学的技法

蒸し

85°Cのスチームコンベクションで10分。卵黄の凝固温度80°Cをやや上回る温度帯にとどめ、なめらかな食感に仕上げる。フュメ・ド・ポワソンにはゼラチン質と脂質が含まれ、茶碗蒸しとは異なる独特の食感になる。90°C以上は厳禁。固まったタンパク質の中に水蒸気の穴ができ、なめらかさが損なわれる。

なめらかでありながら、やや弾力があり、ぷるんとした独特の食感。

このわたのフラン
フュメ・ド・ポワソンのあんかけ

作り方は122ページ

料理の構造

ごく短時間蒸して、ねっとりとした食感を引き出したハマグリに、パプリカピュレ、生クリーム、ハマグリのジューで作ったソースを泡立ててかける。ゆでたスナップエンドウを添える。

シェフの狙い

ハマグリの新しい食感の提案。濃厚なうま味と一緒にシンプルに味わってもらう。甘味の強いパプリカのピュレとハマグリのジューを合わせたコクの強いソースは、泡状にすることで、液体よりも香りを口内に広げやすくし、風味を増幅させる。

味をつくる科学的技法

短時間蒸し

ハマグリは殻ごと80℃のスチームコンベクションで2分蒸す。やや口が開いたら取り出し、すぐに殻をはずす。タンパク質が凝固しはじめた瞬間の、ねっとりとした独特の食感が得られる。殻のまま置いておくと、余熱で火が入り、身の張りが失われる。煮ハマグリのように味を含ませるわけではないので、低温長時間で加熱するより、高温で一気に加熱したほうが、香りと温度感が楽しめる。

殻がやや開きはじめたぐらいで取り出す。中のジューはソースに使う。

蒸しハマグリと、
ハマグリの出汁で仕上げたパプリカのソース

作り方は123ページ

料理の構造

炭火で水分を飛ばし、味を凝縮させた穴子を、赤ワイン、みりん、しょうゆのソースでグラッセする。キウイフルーツのソースを皿に流し、柑橘類をゼラチンで固めたテリーヌ、クレソン、穴子を盛り、ピンクペッパーを飾る。

シェフの狙い

シェフの出身地、兵庫県赤穂市の焼き穴子をイメージ。蒲焼きではなく、あえてグラッセにし、魚自体には味をしみ込ませず、表面に味をのせ、穴子の味を引き立たせる。淡泊と思われがちな穴子の、意外な力強さを引き出す。酸味と刺激の強いフルーツとクレソンを組み合わせ、甘味の中にも清涼感を持たせる。

味をつくる科学的技法

炭火焼き

強火の炭火で一気に水分を飛ばし、干したときのような凝縮感と、引き締まって噛み応えのある身質に整える。水分と脂分を落とすことで炭から煙が上がり、燻香とメイラード反応による皮面の香ばしさもつけられる。

網にのせ、両面を強火でしっかり焼き、水分を抜く。

赤ワインベースのソースで、皮面だけをグラッセする。頭も一緒に入れると、ソースに風味が増す。

地元兵庫赤穂産の焼き穴子のグラッセ
柑橘類のモザイクとキウイのソース

作り方は122ページ

感性を影で支える科学

81
永島健志

料理という枠組みを超えた「インスタレーション・アート」でありたい。

インスタレーション・アートとは、空間全体をひとつの作品として体験してもらう現代芸術の手法のひとつだ。永島シェフは、店全体を作品として捉え、五感をフルに使って楽しめる総合的な表現を目指しているという。

そのために、料理以外の演出にも趣向を凝らす。調理場にはDJブースを設け、各料理に合わせて選曲した音楽を流し、聴覚からも味のイメージをふくらませたり、料理からではなく、空間のほうに香りを漂わせてみたりと、皿という枠にはとらわれず、あらゆる角度から食体験に切り込んでいく。

料理人、サービスマン以外にも、DJチーム、華道家、映像作家、ファッションデザイナーなど、各界のアーティストたちが結集し、「81」というひとつの作品をつくり上げる。

「81の扉を開けた瞬間から、非日常の空間を味わってもらいたいと思っています。でも、未知との遭遇を目指しているわけではありません。私が作るものは、基本的には再構築です。伝統料理だけではなく、自然の情景や物語などジャンルは問いませんが、みんながよく知るなじみのある題材を選ぶようにしています。『非日常』は、日常を少しずらしたところにあります。まったくの未知では、ただ混乱するだけで、驚きを楽しむ余裕が持てません。知っているものが、自分の常識から少しはずれた形で出てくるから、不思議な感覚にとらわれるし、その意外性を楽しんで受け入れてもらえるんです」

永島シェフの料理との向き合い方は、「エル・ブリ」での修業で大きく変化した。食材の組み合わせ方、火入れ法、味つけにいたるまで、どんなに些細なことも「伝統だから」で終わらせず、常に「なぜそうするのか」を突き詰めて考える。そんなフェラン・アドリア氏の姿勢に感銘を受け、自らもそれを徹底するようになると、それまで食材や組み合わせから料理を考えていたのが、「表現したいもの」を最優先で考えるようになっていった。

表現したいものを明確にし、そのゴールに向かって調理法や食材を選ぶ。そうしてゴールまでの道筋を考えていくうちに、科学的な知識にも自然と目がいくようになった。

調理を科学的に分析していくと、ひとつの工程でいくつもの化学変化が起きていることが分かる。そのなかから求める効果だけを抜き出す方法を模索し、皿の上以外の表現方法にも行き着いた。科学は、永島シェフの感性を影で支える頼もしい相棒なのである。

料理の構造

低温乾燥させた生ハム、ゆでてペースト状にしたじゃがいもを板状に伸ばし、低温乾燥させたポテトチップスを無造作に割り、落ち葉のように盛りつける。ココア味のグリッシーニを枝に見立てて飾る。

シェフの狙い

「森」をテーマにしたコースの最初に供する、森への入り口となる料理。枯れ葉に見立てた生ハムとポテトを食べたときの「パリッパリッ」という小気味よい音が、落ち葉を踏みしめたときの音とリンクし、森を想起させる。食感と音で情景を表現。

味をつくる科学的技法

低温乾燥

生ハムを乾燥させるさいに低温で乾燥を行うことで、生ハム特有の味わいや、透明感を損なうことなく、味を凝縮させ、食感だけを変化させる。

生ハムとじゃがいもはディハイドレーター（食品乾燥器）で低温乾燥。完全に水分が抜けているので、長期保存も可能。

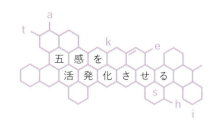

落葉の抽象表現

作り方は124ページ

料理の構造

グリーンカレーを作り、ココナッツクリームで粘度をやや強めに調節する。エスプーマで絞り出し、グラスに盛りつけて供する。

シェフの狙い

テーマはテクスチャーによる違和感。辛味を十分に効かせた刺激的で濃厚なグリーンカレーを、エスプーマでふんわりなめらかな食感に仕立てることで、味と食感に大きな落差を作り、驚きを与える。

味をつくる科学的技法

エスプーマ

エスプーマを作るには、ある程度の粘度が必要になる。グリーンカレーなら、乳化に使用したバターとココナッツクリームによって自然なとろみがあるため、増粘材を必要としない。スパイスの粒子を残すことで、エスプーマの目詰まりが懸念されるが、漉し取ってしまうと粒子と一緒にコクまでなくなってしまう。鍋に絞ってから器に盛り直せば、均一かつなめらかな食感になる。

直接器に絞らず、一度鍋に絞ることで、
なめらかな食感が得られる。

グリーンカレーのエスプーマ

作り方は125ページ

かき混ぜて食べることで、カルボナーラの味わいが完成。

料理の構造

半熟にゆでた全卵に、白トリュフオイルを注射器で注入する。炒めたパンチェッタに生クリームを加えたソースを器に注ぎ、ペコリーノ・ロマーノとパルミジャーノをおろし金で削ってふんわりと盛りつけ、卵をのせ、黒こしょうを挽きかける。

シェフの狙い

卵黄のなかに白トリュフオイルを注入して香りを閉じ込め、卵をつぶした瞬間、白トリュフの香りが一気に広がる仕掛け。白トリュフが見えないのに、その香気が突然漂う意外性を楽しんでもらう。

味をつくる科学的技法

香りの注入

人間が匂いを嗅いだとき、はじめは強烈に感じ取るが、同じ匂いが漂い続けると、すぐに慣れて何も感じなくなる。料理も、じわじわと香りを漂わせ続けるより、はじめに強い香りを感じさせ、すぐに消えてなくなるほうがインパクトを残しやすい。卵にオイルを注入するさいには空気も一緒に注入しておくと、フォークを入れた瞬間に風船のように卵黄が破裂し、閉じ込められていた香りがより瞬間的に鼻に届く。

卵黄に注射針を刺し、オイルと空気を注入。卵がぱんぱんにふくらんでくる。

カルボナーラの再構築

作り方は125ページ

料理の構造

醤油に浸した漬けマグロを脱水シートに挟み、２日間熟成。竹炭を混ぜ合わせたスポンジ生地をエスプーマで紙コップに絞り、電子レンジで焼成する。スポンジの上にマグロを盛りつける。

シェフの狙い

黒と赤で妖艶さを表現。寿司のイメージで、生魚に炭水化物であるスポンジを合わせた。見た目は妖しげだが、味は意外にもなじみ深く、安心感さえ感じる。本来黒くないはずの食材が黒いと得体が知れず、食べるまでに小さな葛藤が生まれる。その困惑が、食べ手にとっての面白さにつながる。

味をつくる科学的技法

生魚の軽い熟成

脱水シートで水気を抜くことで、生ハムのようにねっとりとした独特の食感に変化する。脱水シートには、浸透圧が高い増粘多糖類などが使用されており、浸透圧の作用で水分が抜ける。水分と一緒に臭みも吸収されるので、塩味とコクだけを身に残せる。

浸透圧の効果で、醤油の味を内部に浸透させる効果も期待できる。

生ハム鮪

作り方は124ページ

料理の構造

黒毛和牛の丸芯をウォーターバスで芯温が60°Cになるまで火入れし、備長炭で表面に焼き色と燻香をつける。パルメザンチーズと生クリーム、バターを溶かして練り合わせたフェイクニョッキを添える。

シェフの狙い

映画「もののけ姫」からインスピレーションを得て、深い森の中に暮らす獣と「こだま」をイメージしたひと皿。丸芯（シンタマ）は和牛の部位のなかでも脂が少なく、ほのかにミルクの香りがある。淡い火入れでミルクの香りを引き出し、パルメザンチーズのフェイクニョッキとの相性を高める。ソース代わりに添えたフェイクニョッキが持つチーズの熟成香は、肉にエイジングビーフのような深みを与える役割もある。

味をつくる科学的技法

肉の火入れ

肉のタンパク質が凝固しはじめるのが約58°C。分水作用が起こり、肉内部の水分が流出しはじめるのが約68°C。凝固がはじまるぎりぎりの温度帯を狙い、真空にかけた肉を60°Cのウォーターバスで芯温が60°Cになるまで火入れする。ここに、メイラード反応による甘味と芳ばしい香り、ほのかな燻香をまとわせるため、備長炭で表面だけをあぶる。

あぶるさいは、内部まで火が入らないよう、強火の近火で一気に。スモークとは異なるほのかな香りがつけられる点が炭火焼きの強みだ。

黒毛和牛

作り方は126ページ

料理の構造

ウォーターバスで芯温61°Cまで火入れし、フライパンで皮面を香ばしく焼き上げた鴨肉と、熟成バルサミコ酢をたらしたアメリカンチェリーをシンプルに盛りつける。供するさいに、サービスマンがスモークガンを持って客席をまわり、空間に燻香を漂わせる。

シェフの狙い

レストラン全体をアート空間として楽しんでもらうために考えついた味覚と嗅覚を切り離す手法。香りと料理を別々に供することで、味覚と嗅覚を意識的に使ってもらい、料理の味わいを強く印象づける。

味をつくる科学的技法

味覚と嗅覚を切り離す

人間は「驚き」によって脳が活性化する。料理にはあえて燻香をつけず、空間全体にスモークの香りを漂わせることで、想像とは異なる場所から漂う香りに脳が反応し、味覚と嗅覚に自然と意識が向くように仕向ける。

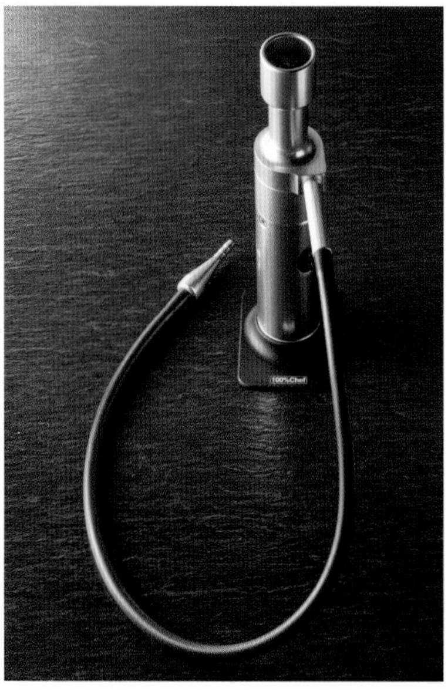

スモークガン。チップを入れて火をつけるとホースから煙が出る。チップ以外にも煙が上がるものなら何でも使える。

ダック＆スモーク

作り方は126ページ

香りをコントロールする

必要な香りだけをふくらませる 引き算と温度

マルゴット・エ・バッチャーレ
加山賢太

産地も色もサイズも違うなかから、客自ら好きなトリュフを選び、自分で好きなだけ料理に削って楽しむという、斬新なスタイルが話題を呼んでいるマルゴット・エ・バッチャーレ。トリュフの持ち味を引き出す料理を提供するために、加山シェフがもっとも大切にしているのが、「香り」だ。

料理を考えるときは、主役の食材から引き出したい香りを決める。「香り」とひと口にいっても、食材に含まれる香りは1種類ではない。さまざまな香りが入り交じり、ひとつの食材の香りを形成している。そのなかで、どの側面をもっとも強く引き出したいかを考える。

日本料理の「お椀」の美学に深い感銘を受け、「キレのよい味わいで香りを強調したい」という思いが強まった。余分な風味をできるかぎり削ぎ落とすため、たとえば、コンソメ（58ページ）では、水の成分にまで目を向けた。ミネラルウォーターでは鉱物の雑味を感じるうえ、ミネラル分が味や香りの抽出を阻害してしまう。そこでシェフが選んだのが、水素水。中空糸膜とRO膜フィルターで精製した純粋な「水」成分に水素を添加しただけなので、阻害の恐れがないうえ、水素の力で浸透性が増し、うま味成分が抽出しやすくなるという。

加山シェフの感性を支えているのが、マネージャーを務める岸大介さんの存在だ。岸さんは食品加工会社で開発を担当していた研究畑の出身。シェフが求める味わいを、科学的な視点からサポートしている。水素水も、岸さんが製造したものだ。

ほかにも重視しているのが、温度。温度によって、香りの感じ方が異なってくるからだ。料理が出来上がった瞬間が一番香り高いのでは意味がなく、客席に運ばれ、ひと口めを食べるときに、香りのピークに到達するように計算し、料理を組み立てている。

料理の構造

水素水で取った昆布だしを使ってフォン・ブランを作り、牛肉と鶏もも肉のミンチでクラリフェする。グラスに注ぎ、グラスが温まって湯気が立ったら、いったんコンソメを取り出し、70℃のコンソメを再度注いで仕上げる。

シェフの狙い

香りを最優先して引いたコンソメ。味を出し切った状態では香りのピークはすでにすぎているので、あえて「8分目」でクラリフェを終え、香りを最大限まで高める。8分目なら雑味が出づらく、クリアに仕上がる効果もある。提供温度も厳密に管理し、コンソメの香りと、後から加えるトリュフの香りをどちらも堪能できる。

味をつくる科学的技法

水素水と昆布だし

水素水とは、純粋な「水」に、水素分子のガスを溶け込ませたもの。浸透性、抽出性にすぐれ、昆布のうま味を抽出しやすい。また、ミネラル分などが一切含まれておらず、雑味のない味わいが作れる。うま味成分は、違う種類を組み合わせる相乗効果で感じやすくなるため、昆布のグルタミン酸と、肉のイノシン酸を掛け合わせ、うま味アップを図る。

煮出しすぎないことで、クリアで香り高いコンソメが仕上がる。

提供温度

官能試験を行った結果、50℃がもっともコンソメの香りを強く感じることが判明。そこで、約70℃で提供し、飲み進めるうちに香りが強く感じられるように工夫。50℃より温度が下がったころを見計らってトリュフを削り入れ、香りに変化を与える（温度と香りの官能試験については104ページ）。

提供前に沸騰直前まで温めたコンソメをグラスに注ぎ、よく回転させてグラスを温め、香りが立ちのぼりやすい素地を作る。

0.8番コンソメ

作り方は127ページ

料理の構造

最中の皮にサワークリームを塗り、みじん切りの玉ねぎ、固ゆで卵、シブレット、ルバーブのコンフィチュールを順にのせ、キャビアをたっぷり盛りつける。

ベルギー産のオシェトラキャビアはひと粒ひと粒がしっかりしていて弾力があるのが特徴。たっぷり40gを盛りつける。

シェフの狙い

ベルギー産オシェトラキャビアならではの独特の食感を楽しむ恰好のパートナーが、最中の皮。定番であるクラッカーやブリニより薄く、サクサクと軽い食感で、キャビアのはじけるような独特の弾力を引き立てる。キャビアの油脂分を最中の皮が徐々に吸い、一体感が増していくのも狙い。皮に含まれるほんのりとした甘味、サワークリームとコンフィチュールの甘味と酸味が、キャビアの濃厚なうま味を際立たせる。コンフィチュールは季節によってフルーツの種類を変える。

サワークリームの量が味のバランスを左右する。酸味が強くなりすぎないよう、控えめに。

味をつくる科学的技法

提供温度

キャビアの香りは、冷やしすぎると感じづらいため、提供前に8〜9℃の冷蔵庫に移し、鼻に抜ける香りを高める。最中の皮以外のほかの材料も同じ温度帯に調節し、香りの調和を目指す。

キャビア最中 original

作り方は128ページ

料理の構造

乳飲み仔牛のシンタマ肉を薄く削ぎ切りにし、昆布で挟んで締める。粗みじん切りにし、軽くゆでた牡蠣、卵黄、ホワイトセロリ、エシャロット、生姜、冷燻したオリーブオイル、醤油と一緒に混ぜ合わせてタルタルにする。エシャロット、シャンパンヴィネガー、サワークリームなどで作ったレディクションを添え、アーティーチョークのフリット、からし菜、パールオニオンを飾る。

シェフの狙い

仔牛肉は、柔らかでミルキーな味わいだが、うま味自体は淡い。そこで、仔牛らしい香りは引き出しながら、昆布締めでうま味を移し、うま味のかたまりである牡蠣と合わせて味わいを深める。昆布締めにすることで、ほんのりと磯の香りが肉に染み、牡蠣との香りをつなぐ役割も果たす。

味をつくる科学的技法

昆布締め

昆布のうま味成分であるグルタミン酸が肉に移り、うま味を補う効果がある。また、肉の水分が適度に抜けることで、肉自体の味わいと香りが凝縮する効果も高い。水分が抜けるぶん、ねっとりと濃厚な食感になるので、より味を感じやすくなる。

締める時間は30分ほど。それ以上だと昆布の香りが移りすぎ、ミルキーさが損なわれる。

昆布締めにした仔牛と牡蠣のタルタル

作り方は129ページ

料理の構造

食パンをドーナツ形にくり抜き、ボルディエの有塩バターをしみ込ませる。少量の卵白と卵黄を真ん中に入れてフライパンで焼き、ラルドをスライスしてのせる。ソース・ポルトをかけ、トリュフを削りかける。

トリュフは、客からのストップがかかるまで、たっぷりと削りかける。トーストの温かさで香りが立ちのぼる。

シェフの狙い

目玉焼きトーストは、トリュフの香りを最大限に楽しんでもらうための脇役。トリュフは香りは豊かだが、それだけではうま味が足りない。そこで、濃厚な卵黄とボルディエのバター、36ヶ月熟成のラルド、パルメザンチーズを添え、4つのコクで味わいに奥行きを出し、トリュフの香りを引き立たせる。ソース・ポルトをかけ、食べると口の中でソース・ペリグーが完成する。

味をつくる科学的技法

うま味の補強

香りとうま味には相関関係があり、うま味が強いほど、香りも深く感じやすい。うま味成分の強い素材を組み合わせ、トリュフに足りないコクを補強することで、トリュフがいっそう香り立つ。ソースや卵黄はとろみが強く、舌にのっている時間も長くなるため、香りを深く感じられる。

トリュフ目玉焼きトースト

作り方は128ページ

料理の構造

瞬間的に加熱した車海老を、コブミカンの葉、タイム、オリーブオイルでマリネする。さっとソテーした北寄貝、タイムやコリアンダーなどでピクルスにしたパールオニオン、アボカドのワカモレと一緒に器に盛り、パクチーの香りを移した緑色の太白ごま油をたらす。せん切りの青パパイヤと芽ねぎ、車海老の頭で作ったパウダーをかけて仕上げる。

シェフの狙い

タイの伝統的なパパイヤサラダ「ソムタム」をイメージし、パクチーなどエスニックなハーブと香辛料をきかせた。そこに磯の香りを加え、一皿のなかにさまざまな香りを集めて、香りのマリアージュを楽しんでもらう。生車海老のプリッとした食感と北寄貝の歯応えは生かしつつ、加熱で赤く発色させることで、食感と見た目の華やかさを共存させる。

味をつくる科学的技法

車海老の火入れ

車海老は、同サイズで他品種の海老と比べると、生でもぷりっと弾力があり、歯触りがよいのが特徴。その長所を引き立たせるため、生きた状態で60℃の湯で3分ゆで、すぐに氷水で締める。氷水に落とすことで、身の内部には火が入らず、表面だけが鮮やかに発色する。このままでは色が変色しやすいので、マリネの材料と一緒に真空にかけて色止めする。

火入れ後、真空にかけてマリネする。真空後に加熱すると、身が引き締まらず、食感が悪くなるため、火入れしてから真空にかける。

SOM TAM la Mer

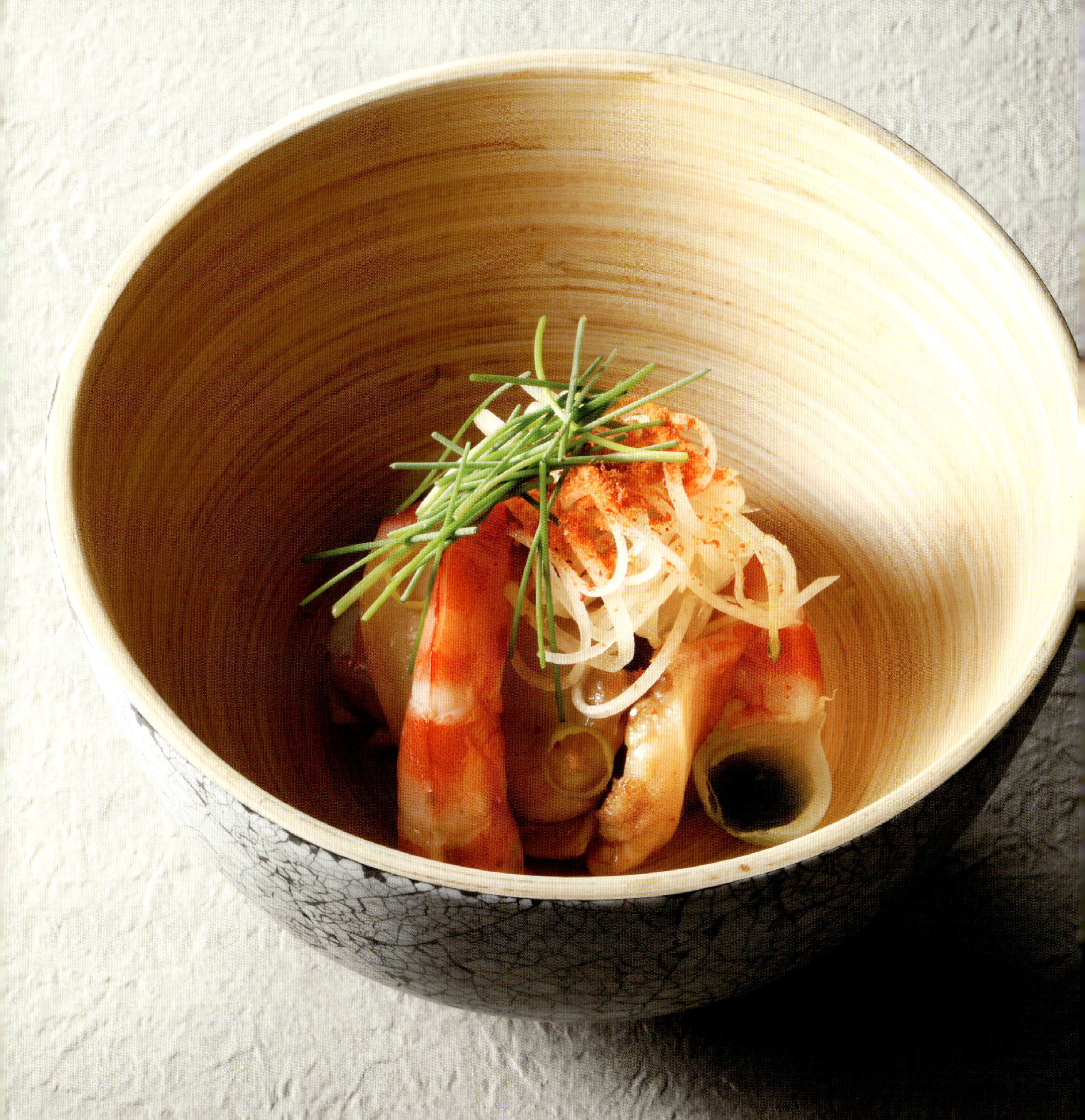

作り方は130ページ

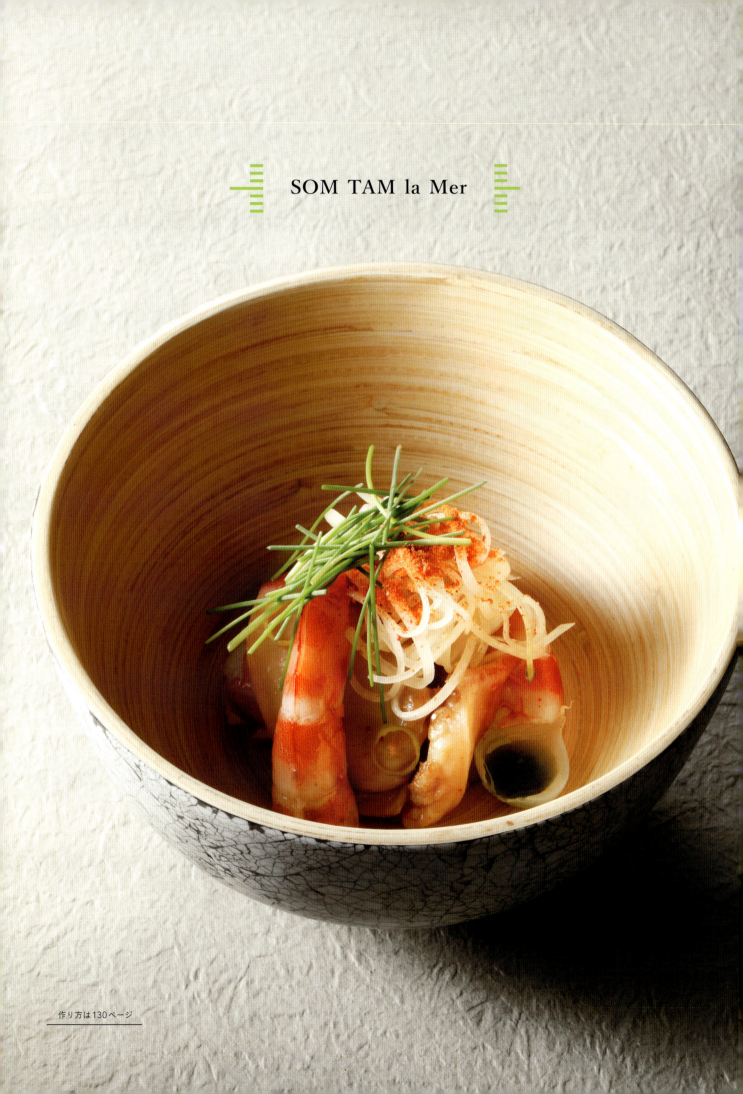

料理の構造

冷蔵庫で３日間乾かした仔鳩を、丸ごと炭火で焼き上げ、藁で瞬間燻製をかける。炭火で皮が真っ黒になるまで焼いたホワイトアスパラガスを付け合わせ、フルール・ド・セルを添える。

アスパラガスは炭床に豪快に差し込み、黒くなるまで焼く。皮つきのまま火入れすることで、皮と身の間に含まれる香りを身に移せるそうだ。

シェフの狙い

ソースは一切不要。仔鳩の血の香り、炭の香り、メイラード反応の香り、藁の香り、４つのフレーバーでしっとりとした仔鳩肉を味わってもらう。アスパラガスは焼きなすと同じ要領で炭火で黒くなるまで焼き、水分を残しながら、甘味と香りを引き出し、さらに炭の香りで仔鳩との共通項もつくる。

味をつくる科学的技法

仔鳩の火入れ

最大のポイントは、皮の水分。皮に水分が多く含まれていると、炭や藁の香りを吸収しづらくなる。また、皮の水分を抜いている間に、身に火が入りすぎ、ジューシーさが損なわれる。焼く前に冷蔵庫の風に当てながら３日間乾かし、常温に戻すさいにも、扇風機の風をしっかりと当て、表面の水分を十分に飛ばしておく。

香ばしく焼き上げた仔鳩は、藁で瞬間燻製する。時間は10秒。藁の香りだけを主張しすぎないよう、ごく短時間にとどめる。

フランス・ランド産ピジョンのロースト

作り方は131ページ

色と味の法則

同系色の食材で味を統一する実験

アビス

目黒 浩太郎

「ひと皿に使う色は3色までと決めています」

魚介専門フレンチを掲げる「アビス」のシェフがはじめに挙げたのは、意外にも色のことだった。盛りつけの色彩には、人一倍の情熱を傾け、アミューズが白と赤、前菜が黄色、メインディッシュが緑、といった具合に、色をテーマにコースの構成を考えるという。

デザート以外のすべての皿に魚介を使用するため、色をできるだけ絞ることで、見た目でも主役をはっきり浮き上がらせ、各皿の個性を強調するのが狙いだ。

ただ、見た目を洗練させるだけが、色彩統一の目的ではない。パプリカとウニ、いちごとサーモンなど、一見意外な組み合わせであっても、同系色の食材同士は、味の相性がよく、組み合わせると料理の味が自然にまとまるという。

色と味覚の関係については、心理学や脳科学の分野でも数多く研究されている。同じ文化に育った人は、年齢や性別に関わらず、色に対して共通した味覚イメージを抱くという研究結果もある。ピンクやオレンジは甘味、黄色は酸味……と、料理の色彩によって、感じやすい味が変化する可能性があるというのだ。

また、宮城大学産業学群の石川伸一教授によれば、トマトの色素成分であるリコピンと、サーモンの色素成分であるアスタキサンチンは、分子構造が非常によく似ており、分子構造の酷似が、味わいの共通点につながっている可能性もあるという。目黒シェフの味づくりは、科学的な視点から見ても、有効な試みといえそうだ。

色合いを統一させるぶん、形状や食感には大きく変化をつけ、見た目とのギャップを持たせるように工夫する。そのときに活躍するのが、増粘剤や凝固剤。いまでは、多くの種類が開発されているが、微量でも添加物特有の味が食材に移ることも多く、完全に無味無臭で、思いどおりの食感をつくり出すのはなかなか難しい。

そこで目黒シェフは、あえて葛粉やゼラチンなどの昔ながらの凝固剤を駆使し、それらを組み合わせて微妙に配合を変え、さまざまな食感を自在につくり出している。

「日本人の感性を生かしたフランス料理づくり」を自身の料理哲学に据え、日本の郷土料理の組み合わせや、「引き算の美学」を大切にしている目黒シェフ。引き算による徹底した色彩統一、一方での食感の多様性で、魚の個性を引き出し、日本人らしいフランス料理を完成させている。

料理の構造

いかとコールラビを見た目がまったく同じになるよう薄く削ぎ切りして混ぜ合わせる。ナッツのオイルに夏みかんのコンフィチュールを加えて作った夏みかんラヴィゴットソースを添え、夏みかんの皮を乾燥させたパウダー、マイクロセルフィユをふりかける。

シェフの狙い

いかとコールラビはどちらも淡白で甘味があり、味わいがよく似た食材。このふたつを見た目も同じように仕上げ、口に入れる瞬間までふたつの食材が混在していることに気づかせず、食感の違いで驚かせる。夏みかんの強烈な酸味で味を引き締め、季節感と清涼感をプラスする。

味をつくる科学的技法

視覚と触覚の混乱

人が口に入れたとき、味よりも先に感じるのが食感であり、食感の驚きは、味の驚きよりも瞬発力があると考えられる。ふたつの食感をひとつの形状に紛れ込ませ、視覚と触覚の情報を混乱させ、料理を印象づける。

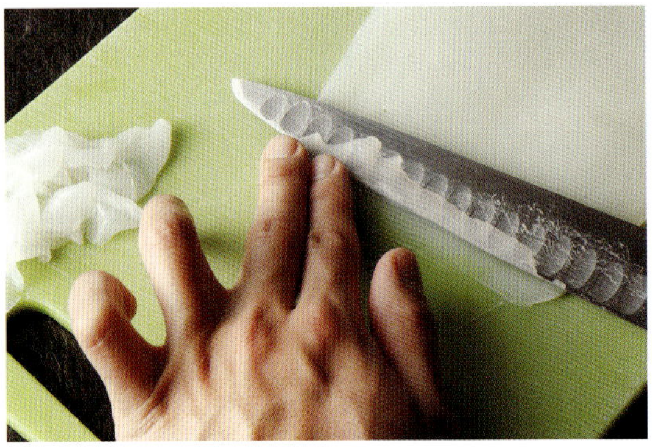

いかもコールラビも、向こうが
透けるほど薄く削ぎ切りする。

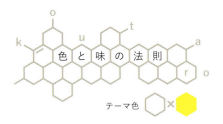

白いか　コールラビ　夏みかん

作り方は132ページ

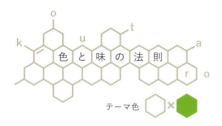

料理の構造

フロマージュ・ブランとサワークリームで作った酸味のあるブラン・マンジェに、薄切りした天王寺かぶを差して花のように盛りつける。かぶの葉とクールブイヨンのピュレにアガーで粘度をつけ、白海老にあえる。レモンタイムの香りを移したオイルを散らす。

薄く切ったかぶを円錐形に丸め、
ブラン・マンジェに差し込む。

シェフの狙い

生のかぶ、白海老、ブラン・マンジェはどれもほんのりとした甘味を持ち、味わいの方向性が似ている。淡めの味つけと食感の変化で、その甘味を引き立てながら、３つの食材の相性のよさを楽しんでもらう。かぶをイメージし、白と緑だけでシンプルに盛りつける。

味をつくる科学的技法

凝固剤

かぶの葉のソースは、白海老とのからみをよくするため、わずかにとろみをつける。凝固剤は余計な味がつかず、濃度の微調整をしやすいアガーを選択。ピュレに対して３％量加え、葉の色を飛ばさないようごく短時間の加熱で溶かし、氷水で急冷して固める。ハンドミキサーで撹拌し、シノワで漉せば、なめらかなとろみがつく。ブラン・マンジェには保形性の高いゼラチンを使用するが、１％量にとどめ、なんとか形を保っていられるぎりぎりの量に調整。口溶けのよい食感に仕上げる。

かぶ　フロマージュ・ブラン　白海老

作り方は133ページ

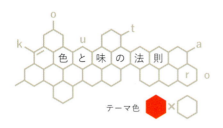

料理の構造

グリヤードで表面だけを香ばしく焼きつけた鰹に、エシャロットとレーズンのピクルスを付け合わせ、ビーツピュレで作ったソース、大葉の香りを移したオイルを流す。ヤギのブルーチーズを使ったムースをエスプーマのサイフォンに入れ、液体窒素のなかに絞り出し、ロボクープで粉砕してふりかける。シブレットの花とアマランサスを飾る。

煙が出るまで高温に熱したグリヤードで焼き色をつける。鰹の表面にオイルを塗っておくと張りつかない。

シェフの狙い

コンセプトはフランス風鰹のたたき。シブレットの花、エシャロットのピクルス、大葉オイルで、薬味の味わいを構築した。鰹は、羊や鹿に共通する血の強い香りが持ち味。そこで、羊肉と相性のよいブルーチーズをアイスパウダーにして添え、フランス料理の王道の組み合わせを取り入れた。アイスパウダーには、たたきの「氷水で締める」作業をイメージさせる狙いもある。

味をつくる科学的技法

アイスパウダー

エスプーマでアイスクリームの材料に空気を含ませ、液体窒素で瞬間的に固めると、泡のひとつひとつが細かな粒子状の結晶として固まる。それをロボクープで撹拌すれば、さらさらのパウダー状になる。空気が多く含まれるため、通常のアイスクリームに比べて冷たさを感じづらく、まろやかさが出せる。

初鰹　ブルーチーズ

作り方は135ページ

料理の構造

ふっくらとソテーした金目鯛が主役。フュメ・ド・ポワソンをベースに、チョリソーとホタルイカを加え、根三つ葉の茎で香りづけたソースを合わせる。三つ葉の香りを移したオイルを流して仕上げる。

シェフの狙い

皮の水分を焼く前にあらかじめ飛ばし、効率よく皮を焼きつけ、身をふっくらと焼き上げて金目鯛のおいしさをストレートに味わってもらう。チョリソーとホタルイカを肝ごと加えた濃厚で香ばしいソースを合わせ、春らしく仕立てる。

味をつくる科学的技法

金目鯛の火入れ

金目鯛は水分と脂が多く、皮の水分を飛ばすために時間をかけて焼くと、身に火が入りすぎてしまう。そこで、身の断面にドリップシートを張りつけ、皮面だけを露出させた状態で室温に1〜3時間おき、常温に戻しながら皮を乾燥させる。焼く前に皮の水分を飛ばしておくことで、皮を焼く時間を大幅に短縮でき、身の加熱過多を防げる。ドリップシートなら、身の余分な水分と一緒に臭みも取り除けるため、うま味を凝縮させる効果も高い。

ドリップシートで皮面以外を覆い、水分蒸発を防ぐ。魚も肉のように常温に戻しておくことで、より均一な火入れが可能になる。

地金目鯛　ホタルイカ　チョリソ

作り方は134ページ

料理の構造

本葛粉とアガーを加えたピスタチオペーストを弱火でじっくり混ぜ続けながらつやが出るまで炊き、冷やし固まったら切り分けて器に盛りつける。よもぎピュレにアガーでとろみをつけたソースをかけ、ピスタチオオイルを塗ってつやを出す。

シェフの狙い

ごま豆腐の製法をピスタチオに応用し、「ピスタチオ豆腐」を完成させた。和風の仕立てながら、食べてみると、ピスタチオの香ばしさがしっかりと感じられ、フランス菓子らしい濃厚な味わいが楽しめる。よもぎソースを合わせ、季節感と和の香りを添えた。

味をつくる科学的技法

葛粉の糊化作用

ごま豆腐は、葛粉に含まれるでんぷん質が加熱されることで粘度が増し、冷やすことでゲル化する。ナッツ類をはじめ、油脂が多く含まれる食材は、長時間加熱しても味わいや香り、色合いが変質しづらく、葛粉での凝固に適している。ここに、アガーをごく少量加え、従来のごま豆腐にはない、もっちりとした食感をつくり出す。

流し缶で固める。粘性が高く型に張りつきやすいので、味を邪魔しないピスタチオオイルを型に塗っておく。

ピスタチオ　よもぎ

作り方は132ページ

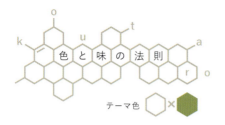

料理の構造

メロンリキュールをペクチンとアガーで薄いシート状に固め、リ・オ・レを挟む。日本酒を加えて作ったアイスクリームをエスプーマのサイフォンに入れ、液体窒素のなかに絞り出し、ロボクープでパウダー状にしてふりかける。

丸く抜いたメロンリキュールシートを半分に折り畳んで成形する。京都の銘菓「生八つ橋」をイメージ。

シェフの狙い

「日本酒を主役にしたデザートを作りたい」という思いから誕生。日本酒の吟醸香のなかには、メロンやスイカなど、瓜系のフルーツを思わせる香りが存在する。そこで、メロンリキュールとフランス定番のデザート、リ・オ・レを合わせ、日本酒の味わいを多角的に表現した。

味をつくる科学的技法

凝固剤とゲル化剤の併用

アガーだけでもなめらかな食感は得られるが、米の食感を思わせるようなねっちり感には及ばない。増粘作用の強いペクチンを、アガー2に対し、1の割合で加えることで、アガーの凝固性は維持しながら粘度を上げ、理想の食感に仕上げる。

米

作り方は136ページ

食材の相性を強める
食感の変換法

食感の変化で、これまでにない組み合わせを成立

虎峰
山本 雅

中国料理でも、フランス料理と同様に、古来より受け継がれてきた食材の「定番の組み合わせ」が存在する。その組み合わせを踏襲しつつ、そこに新たなエッセンスを加えて個性を打ち出そうとする料理人が多いなか、山本シェフは、あえて「組み合わせの固定観念から解き放たれること」を、自分自身のルールとして課している。

「これまでは、味の相性がよくても、食感や香りが合わず、料理として成立しなかった組み合わせも多かったはず。ですが、調理科学と技術が発達したいまなら、食感は工夫次第で自由に変化させられますし、香りもあとから補強できます。そこで、食感と香りはいったん隅において、純粋に味の相性だけを追い求めて食材を組み合わせてみたら、面白いものができあがるんじゃないかと思ったんです。

定番として今日まで残ってきた組み合わせは、味、香り、食感のどこをとっても非の打ち所がないすばらしい相性のものばかり。新しい料理を考えていても、どうしてもその組み合わせが最初に頭に浮かんでしまうので、定番からは距離をおくように、いつも自分に言い聞かせています。

定番から解放されれば、組み合わせの幅は一気に広がります。いまは世界中の食材が手に入りますから、まだ出会ったことのない食材同士を自分の手で引き合わせてみたい」

組み合わせが決まったら、科学的な知識や最新の機器を活用し、食感を変化させたり、香りを補い、さらなる相性アップを図る。意外性を狙うのではなく、あくまで味の組み合わせを引き立たせるのが目的だ。たとえ主役の食材であっても、パウダーや液体など、本来の形から大きく変化させることにも躊躇はない。

一貫して食材の味だけに焦点を絞って発掘された新たな組み合わせは、定番として今後多くの人に愛される可能性を秘めている。

料理の構造

中国のたまり醤油、黒酢、砂糖、鶏ガラスープなどに、花椒油など辛味の強い調味料類を加えた四川ソースをリングイネにからめる。蒸した新玉ねぎのピュレと牛乳、トレモリンで作ったアイスクリームをクネル形にしてのせる。セルフィユを飾る。

シェフの狙い

「よだれ鶏」などに使う甘辛い四川ソースをリングイネにからめた冷製前菜。蒸して甘味を引き出した新玉ねぎをアイスクリームに加工して添えることで、口溶けに時間差ができ、味わいの幅が広がる。

味をつくる科学的技法

玉ねぎを蒸す

玉ねぎは炒めると、糖分のカラメル化と、メイラード反応によって甘い香りが引き出されるため、本来なら飴色になるまで炒めたほうが蒸すよりも甘く感じられる。だが、低温では香りは感じづらく、その効果が半減するため、アイスクリームの場合は甘味の感じ方に差異はない。そこで、蒸籠で3時間蒸し、色づけずに甘味を引き出すことで、美しい白色を生かした。

アルミホイルに包んでじっくり蒸す。
時間をかけることで水分が飛んで味
が凝縮する。

冷やしリングイネ　四川ソース
新玉ねぎのアイス添え

作り方は138ページ

料理の構造

ボタン海老の殻で作った白く冷たいアメリケーヌソースを皿に敷き、塩でマリネしたボタン海老をのせる。マスカルポーネ、カッテージチーズ、クリームチーズの3種を3日かけて脱水し、凍らせてパコジェットでパウダー状にし、上からかける。

シェフの狙い

フレッシュチーズの爽やかな酸味、ボタン海老の甘味と濃厚な香りの相性を楽しんでもらう。チーズはそのままでは海老とのからみが悪いため、水分を抜き、パウダー状にすることで一体感を高める。ボタン海老の殻で作ったアメリケーヌソースは、味にキレがあるのが特徴。色がつかないため、見た目も美しい。

味をつくる科学的技法

チーズのアイスパウダー

フレッシュチーズは水分を抜くことで、冷凍粉砕してもピュレ状にならず、粉状になる。そこで、チーズをクッキングペーパーに挟んで真空にかけ、毎日ペーパーを替えながら3日間かけて水分を十分に抜く。真空にかけると、浸透圧が上がり、効率よく水分が抜ける。

3日かけて水分を抜いたクリームチーズ（左）、マスカルポーネチーズとカッテージチーズを合わせたもの（右）。それぞれパコジェットの容器で冷凍し、提供前に粉砕する。

ボタン海老とボタン海老のアメリケーヌソース

作り方は137ページ

料理の構造

バナメイ海老、白身魚のすり身、北寄貝、豚の背脂を混ぜた餡をカダイフで巻き、きつね色になるまで揚げる。そら豆ピュレにクリームチーズと上湯《シャンタン》を合わせたソースを下に敷き、桜海老を炒めて香りを移したオイルをマルトセックで粉状にし、上からふりかける。ナスタチウムの花びらを飾る。

シェフの狙い

海鮮餡の主役である海老の風味を桜海老のオイルパウダーで補強。オイルをそのまま流すと、油っぽく感じるだけでなく、カダイフがオイルを吸って食感が悪くなる。マルトセックで固めることで、カダイフのサクサク感はそのままに、海老の風味だけを広げられる。

味をつくる科学的技法

オイルのパウダー化

マルトセック（SOSA社製）は、タピオカから抽出したマルトデキストリン。マルトデキストリンは多糖類の一種で、油脂分を吸収する性質があり、油脂に加えるだけでパウダー化できる。口の中に入れると瞬間的に溶け、オイルの香りが口内に広がる。

桜海老は焦げないように弱火で炒め、香りと一緒に鮮やかな赤色もオイルに移す。

海鮮餡のカダイフ揚げ
そら豆ソースと桜海老の香りを移したオイルをパウダーにして

作り方は139ページ

料理の構造

ガストロバックで水分を含ませた平目を皮面から焼き、レアな状態に仕上げる。昆布、酒、水で煮出したアサリのエキスでソースを作り、そのソースでトランペット茸を炒めて添える。

シェフの狙い

中国料理では、肉を炒めるさいの下処理として、片栗粉をからませたあと、油をかけてなじませて肉を柔らかくする。そのテクニックを魚に応用。油のかわりに水分を身に含ませ、ふっくらと柔らかく仕上げる。ソースと付け合わせには、昆布、アサリ、トランペット茸と、アミノ酸が豊富に含まれる３つの食材を組み合わせ、淡泊な平目にうま味を補う。

味をつくる科学的技法

平目の下処理

切り分けた平目は、塩をまぶし、冷蔵庫で２時間おいて、水分と臭みを取り除く。１％の太白ごま油と塩を加えた水に浸し、ガストロバックで減圧して、身の内部に溶液を浸透させる。塩をふることで流出した水分を内部に戻し、ふっくらと柔らかな身質に整える。

ガストロバックで水分を含ませると身がゆるむ。さわるとぷるんとした弾力がある。

平目のソテー
アサリのエキスとアサリとトランペット茸のソース

作り方は140ページ

料理の構造

白のアイスワインとブランデーでマリネしたフォワグラをごく低温で火入れし、冷やし固める。カソナードをふってブリュレ風に表面を焦がし、マンゴーピュレといちごのスライスと一緒にチャイナクレープで包む。

フォワグラの表面はカソナードをふってバーナーで香ばしく焦がす。

シェフの狙い

甘酸っぱいデザート風の軽いアミューズ。低温の火入れで、フォワグラの油脂分を内部に十分とどめておき、冷凍してアイスクリームのようななめらかで極上の口溶けに仕上げ、フルーツとの相性を高める。

味をつくる科学的技法

フォワグラの火入れ

マリネ液と一緒に真空にかけたフォワグラを50°Cのスチームコンベクションで20分加熱する。フォワグラのタンパク質が凝固するぎりぎりの温度帯で加熱することで、水分と油脂分の流出を最小限にとどめられ、ぷるぷるとした独特の食感に仕上がる。

火入れしたら、ザルにあけて余分な脂を切る。その脂を表面に流し、乾燥を防ぎながら冷凍する。

フォワグラのブリュレ　苺とマンゴーのソース
チャイナクレープで包んで

作り方は141ページ

分子調理学者

石川伸一博士に聞く

料理に印象を生み出す科学

香りをふくらませる、食感にコントラストをつける……
料理に凝らすさまざまな工夫は、
なぜおいしさにつながるのか？
分子料理の研究者である石川伸一博士に、
人間がおいしさを感じる仕組みと、
印象に残る料理を作るためのポイントを
Q＆A形式で解説してもらった。

石川伸一

分子調理学者。宮城大学産業学群教授。1973年、福島県出身。専門は分子レベルの食品学、調理学、栄養学だが、専門分野にとどまらず、脳科学、心理学、文化人類学など、さまざまな側面から総合的においしさを研究している。WEBサイト「分子調理・分子料理ラボ」では、分子調理に関する情報を提供。

分子調理・分子料理ラボ
http://www.molecular-cooking-lab.net/

Q1

おいしさを決定づけるのは何か？

A
おいしさ＝味ではない

人間は、見た目、香り、食感、味を総合的に判断し、食べ物を評価する。現代の日本では、食材も料理も「まずい」ものはほぼなく、とくに外食の場合、味は「おいしい」基準をクリアしているものが多い。そのため、人間の脳は香りや食感など、味以外の部分に注目して、おいしさの判断を下す傾向にある。

Q2

料理で香りを重視するメリットとは？

A　香りは、味より記憶に残りやすい

鼻の奥にある粘膜に香りの成分が付着すると、脳に信号が送られ、何の香りかを判断する。香りを判断する脳の器官は、記憶や感情を司る器官のすぐそばにあり、香りの体験は記憶に残りやすく、のちにも甦りやすいといわれている。そのため、意外な香りや、強い香りの料理は、脳に強く刻まれる可能性が高い。

また、味は舌で感じてから脳に信号が届くまでの道のりが長いのに対し、香りは直線距離で脳に信号が届く。香りのほうが味よりもダイレクトに脳に伝わるのが早いため、香りが料理の味わいの第一印象を決定する。

香りの成分のなかには、鼻の粘膜に長く付着するものがある。このような成分は、香りの持続時間が長く、味わいに余韻を生み、量が少なくても満足感が得られやすい。この理論は、ダイエットにもよく活用されている。

Q3

香りで味の感じ方はどう変わるのか？

A 食べ物に別の食べ物の香りをつけると脳が混乱し、印象が強まる

食べ物を口に入れると、舌の上で味を感じると同時に、鼻に香りが伝わる。風味は、味覚が感じる五味（甘味、酸味、塩味、うま味、苦味）に、嗅覚で感じる香りをミックスし、総合的に判断するものだ。味覚と嗅覚を同時に働かせて食べ物を判断するため、人間は香りと味を混同して捉えがちだ。

味覚では５つの「味」しか識別できないのに対し、私たちが感じられる香りの成分は３千種を超える。各食材は、これらの香り成分を何種類も組み合わせ、独自の香りを構成している。そのため、鼻をつまんでオレンジジュースとグレープフルーツジュースを飲んでみると、違いはほとんど分からなくなる。私たちはよく、「オレンジ味」「りんご味」と、食べ物に「味」をつけて表現するが、実は、食べたものが何かを判断するのは、味よりも香りのほうが決定権が大きいのだ。

たとえば、ほうじ茶の香りがする湯を差し出すと、嗅覚で香りを感じ取り、「これはほうじ茶だ」と脳が判断を下す。人間の脳は思い込みが強いので、一度ほうじ茶と判断すると、実際にこの湯を飲んでも、ほうじ茶を飲んでいるように錯覚してしまう。

もし、「ほうじ茶の香りがするオレンジジュース」を作ってみれば、香りの記憶と味の記憶が異なるため、脳はうまく情報を処理できず、混乱してしまう。そんな脳の仕組みを逆手に取り、ある食べ物に別の食べ物の香りをつけて脳に混乱を起こしてやれば、料理は印象に残りやすくなる。

Q4

香りと味をもっとも感じやすい温度は存在するのか？

A 味には存在するが、香りと温度の関係は非常に複雑

香りの成分は温度が上がると揮発し、空気中に漂う。基本的には、温度が高くなるほど鼻に吸い込む量が増えるので、香りは感じやすくなる。

ただし、揮発しやすい、揮発しづらい、広範囲に広がりやすい、広がりづらいなど、香りは成分によって特徴が異なる。

料理では、さまざまな香りの成分が混ざり合ってひとつの香りを形成している。温度を上げると、揮発しやすく、広範囲に広がりやすい成分が、ほかの成分よりも多く鼻に入るため、特定の香りだけを感じやすくなり、つんと鼻についたり、単調な香りに思えたり、よい香りに感じられなくなることもある。したがって、料理ごとにいろいろな温度を試し、一番香りを感じやすい温度を見つけるしかない。

味は温度が上がるとうま味、甘味、苦味を感じやすくなり、とくに体温近くでもっとも強く感じる。体温より低くなると、うま味、甘味、苦味が感じづらくなるため、塩味と酸味がより強く感じられるようになる。

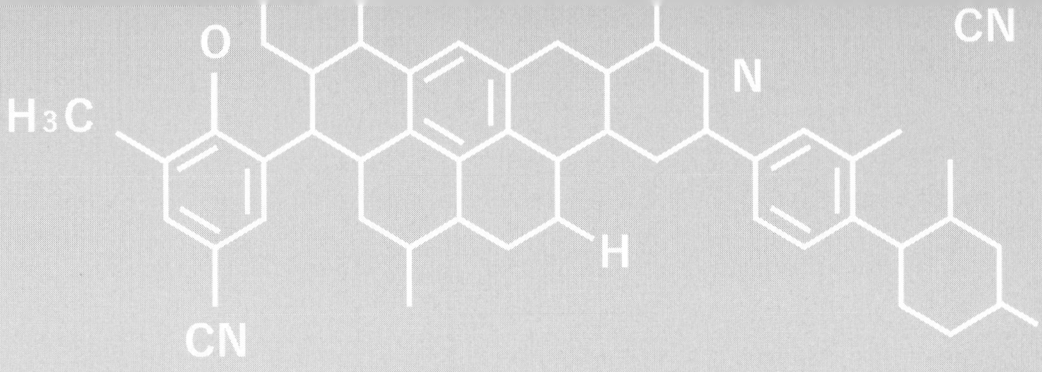

Q5

形状と食感は味にどのような影響を与えるのか？

A 舌の上にとどまる時間で、味わいの深みが変化する

舌の表面に広がりやすく、舌の上にとどまる時間が長くなるほど、味は感じやすくなる。固いものより、柔らかいもののほうが舌全体に広がりやすく、味は感じやすい。

液体は瞬時に舌全体に広がるため、味を感じやすいが、咀嚼せずに飲み込まれるぶん、とどまる時間は短く、余韻が残りづらい。とろみをつけることで時間が長くなり、味わいが深いように感じられるだろう。

Q6

日本人はなぜ食感にこだわるのか？

A 日本料理の味づくりが大いに関係している

日本語には、食感を表す擬音語が、英語よりも約７倍多い。そのことからも、食感を細分化し、その表現を的確に使い分ける日本人は、ほかの文化圏に比べ、食感への思い入れが強いといえる。

それには、料理の味づくりが関係していると考えられる。西洋料理には、香りや味を重ねることでおいしさを作ってきた文化があるが、日本人は、素材の持ち味をそのまま味わうことをよしとしてきた。

そのような料理法では、味と香りは、「濃いか薄いか」といった微妙な違いで料理のおいしさを判断するしかない。それに比べ、食感は人間の手でも変化させやすく、違いを出しやすい。そうして日本人は自然と食感に注目するようになっていったと考えられる。

さまざまな料理が食べられるようになった現代でもその感性は健在で、日本ではとくに食感の善し悪しがおいしさの評価を大きく左右している。

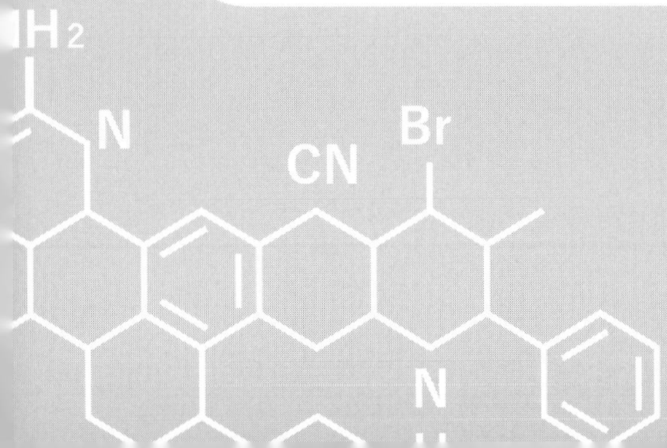

Q7

味や食感の変化はなぜおいしさにつながるのか？

A 「食べ飽きる」のは、生き抜くための知恵である

人間の身体は、さまざまな栄養素を必要としている。飽きることなく同じものを食べ続けると、栄養が偏り、身体が正常に保てなくなるため、人間には「食べ飽きる」という機能が備わっているといえる。

食べ切ったとき、「飽きた」という印象が残ると、どんなにひと口目がおいしくても、「また食べたい」という感情がわかず、おいしいものとして記憶されづらい。

味や食感に変化があれば脳が刺激され、飽きることなく食べ終わり、「また食べたい」という欲求が生まれる可能性がある。

白米は、同じ品種であっても、実はひと粒ごとに食感が違う。一膳のなかに、固い粒、柔らかい粒、粘度の高い粒…とさまざまな食感が混ざり合っているのだ。１日３食白米を食べていても飽きないのは、この食感の変化が要因だともいわれている。

また、料理を意外性ある演出で供すると、味や食感が変化したときと同様、脳が刺激されるため、より満足感を高められるのではないだろうか。

Q8

料理を考案するうえで、もっとも意識すべきことは？

A 興味と警戒のバランスが重要

栄養バランスを整えるために、「食べ飽きる」という機能を備えた人間は、新しい食べ物にも大いに興味を持つ。ただ、危険なものは口に入れてはならないので、新しい食べ物に対して慎重でもある。その警戒心が、新しいものを食べることへの戸惑いにつながる。まったく未知な食べ物に対しては、興味より警戒心が強くなり、食べたいという欲求がわいてこない。

新しいものを食べたいという欲求と、食べることへの恐怖という、相反する感情。そのバランスをうまく取ることが、新しい料理を作る上で重要になる。既存の料理を改良、洗練させて新しいエッセンスを少し加えたぐらいが、一般人が興味を持ち、食べることを楽しめるちょうどいい塩梅になるのではないだろうか。

肉と魚を柔らかく、ジューシーに火入れするにはどうしたらよいのか？

調理によって起こる反応をきちんと理解しておけば、理想の料理を作るために必要な調理法がより明確になる。まずは、肉や魚のタンパク質が、加熱によってどのように変化するかを学ぼう。

監修　石川伸一

タンパク質の熱変性

哺乳類も鳥類も魚類も、タンパク質は筋原繊維タンパク質、筋形質タンパク質、基質タンパク質という3種類から構成されている。このうち、加熱調理と深く関係しているのが、筋原繊維タンパク質と基質タンパク質だ。

このふたつは、加熱によって状態が大きく変化し、柔らかく歯切れよい食感になったり、逆に収縮して固くなったり、水分を肉の外に押し出したり、ゼラチン化する。これらの変化を「タンパク質の熱変性」と呼んでいる。

料理人の間では、筋原繊維タンパク質は「筋繊維」と呼ばれることが多い。

肉が変性する温度

温度によって、タンパク質の状態はどんどん変化していく。肉（ここでは家畜、ジビエ、家禽類の食肉）の場合は、50℃で筋原繊維タンパク質を構成している「ミオシン」という物質が変性をはじめて、徐々に柔らかくなる。

同じく、筋原繊維タンパク質を構成している「アクチン」という物質は、66℃から変性がはじまる。すると、今度は肉が収縮して固くなりだし、温度が上がるにつれて、タンパク質によって肉のなかに保持されていた水分が外に押し出され、重量が減り、柔らかさも、ジューシーさも損なわれていく。

コラーゲンの問題

ここまで聞けば、全体の温度が50℃～65℃になるように均一に加熱すれば、もっともよい状態になりそうだが、肉に含まれている基質タンパク質のほうは、この温度で加熱しただけでは、固いままだ。

基質タンパク質は、筋肉などの構造をしっかり支える働きをしており、生の状態では非常に固い。そこで、基質タンパク質を構成している物質のひとつ

肉と魚の熱変性

魚の水分が抜け、固くなる	50℃～
魚の水分が流出しはじめる	45℃～
魚に含まれるミオシンが変性しはじめる	40℃～
魚の身が白濁しはじめる	35℃～

68℃～	肉に含まれるコラーゲンが変性をはじめる
66℃～	肉に含まれるアクチンが変性をはじめる
60℃～	長時間加熱すれば、肉に含まれるコラーゲンがゼラチン化する
50℃～	肉に含まれるミオシンが変性をはじめる

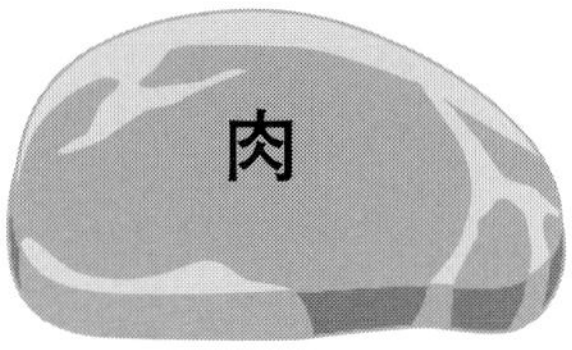

である「コラーゲン」の組織を、加熱によってほぐし、柔らかくする必要がある。この、コラーゲンがほぐれる現象が「ゼラチン化」だ。
　コラーゲンというと、すじ肉などをイメージされがちだが、赤身肉などの中にも網目状になって入っているため、ゼラチン化は、ステーキを柔らかくする上でも重要な要素だ。

大事なのは、時間

　肉のコラーゲンの変性がはじまるのは68℃で、組織がほぐれてゼラチン化するのは、70℃以上といわれている。ところが、70℃以下であっても、長時間加熱し続ければ、コラーゲンは徐々に分解されていく。その最低温度は、60℃といわれている。

特定加熱食肉製品の加熱殺菌基準

中心部の温度	加熱時間
55℃	97分
56℃	64分
57℃	43分
58℃	28分
59℃	19分
60℃	12分
61℃	9分
62℃	6分
63℃	瞬時

（厚生労働省「食品、添加物等の規格基準」より）

　つまり、筋原繊維タンパク質を柔らかくしつつ、肉の収縮と水分の流出を最小限にとどめ、さらに肉内部に含まれるコラーゲンをゼラチン化させるには、「60～65℃で長時間加熱」するのがもっとも理想的なのである。
　具体的な加熱時間は、コラーゲンの含有量によって異なるため、実際に調理するなかで見極める必要がある。

手段はなんでもいい

　全体の温度が均一に60～65℃になり、なおかつコラーゲンがほぐれるように長時間加熱できれば、真空低温調理でも、オーブンで焼き、休ませて余熱で全体の温度を均一にする方法でも、どんな調理方法を使っても、理論上は柔らかく、ジューシーに仕上がるはずだ。
　あとは、メイラード反応による風味をつけたり、皮面だけは水分が飛ぶように焼きつけたり、あえて焼きむらができるように高めの温度で焼いて、食感に変化をつけたりと、自分の理想に合わせて状態を変化させていくとよい。

殺菌の重要性

　食中毒のリスクを軽減させることは、加熱調理の重要な目的であることも、いま一度確認しておきたい。
　肉に付着する菌類は、高温で加熱すれば瞬時に死滅するが、低温でも長時間加熱すれば、死滅、滅菌できる。食品衛生法で定められた塊肉の加熱温度と時間の表を確認し、タンパク質の変性温度と照らし合わせながら、調理法を決定してほしい。ただし、表内に「62℃が6分」と書いてあっても、単に6分だけ加熱すればよいのではなく、「中心温度が62℃に達してから6分」という意味なので、加熱不足には注意。
　また、食品衛生法で定められた温度は、肉塊の中心部の温度が「35℃以上52℃未満の状態が170分以内であること」が条件。常温に長く放置するほど菌は増殖するので、より高温・長時間の加熱が必要になる。さらに、熟成によっても菌は増殖する可能性がある。あくまで新鮮な肉の場合の目安である。

魚と肉のタンパク質の違い

　海の中は、陸上よりも温度が一定しているため、魚のタンパク質は高温に耐える必要がなく、ミオシンやアクチンの変性温度は肉に比べて低い。その温度は魚種によって異なるが、冷たい海で暮らす魚のほうが、温かい海で暮らす魚よりも低い傾向がある。
　水の浮力で、身体を支える力も少なくてすむので、コラーゲンの質も肉とは少し異なり、結合力がゆるく、ゼラチン化する温度も低い。

魚の加熱温度

　魚の水分流出を防いでふっくら仕上げるには、肉よりも低い温度で加熱する必要がある。
　一般的に、35～40℃で透明感のあった身が白濁し、45℃を境に身質ががらりと変化して、身が収縮し、水分が流出しはじめる。50℃以上になると、さらに水分が抜け、身が固くなりはじめる。

2 メイラード反応を使いこなす

肉や魚を焼いたときの香ばしい焼き色や風味を総称して「メイラード反応」と呼ばれることは、一般にもずいぶん浸透してきたが、反応が起こるのに必要な条件は意外と知られていない。独特の風味を必要に応じて活用するために、その条件を覚えよう。

監修　石川伸一

メイラード反応に必要な物質

メイラード反応は、タンパク質やアミノ酸などのアミノ化合物と、ブドウ糖、果糖、乳糖などの還元糖が熱によって結合し、さらに連鎖反応でいろいろな化学反応が起こって、茶色の物質や、香ばしい風味などが出来上がる。

アミノ化合物と還元糖がそろえば、メイラード反応は起こる。肉や魚の焼き色は有名だが、それだけでなく、ローストしたナッツやコーヒー、トーストしたパン、飴色の玉ねぎ、味噌や醤油の色と風味も、メイラード反応によってもたらされたものだ。

アミノ化合物と還元糖には種類が多く、含まれている種類と、その比率によって風味は少しずつ変化する。同じパンでも、トーストとハンバーガーのバンズの香りが違うのは、このためだ。

物質が少ないときは足せばよい

反応する物質が多いほど、メイラード反応の速度は高まり、メイラード反応による風味と色を強められる。焼き菓子などに塗り卵をして焼くと濃く色づくのは、卵によってアミノ化合物を補ったことで、反応が強まるからだ。

このように、強く焼き色や風味をつけたい場合は、材料の中に含まれているアミノ化合物と還元糖の濃度を上げるとよい。

温度と時間の関係

物質量以外にも、メイラード反応を起こすにはいくつかの条件がある。そのひとつが温度。温度が高いほど、反応速度は速くなる。たとえば、あぶり刺身のように、中心にはできるだけ火を入れず、表面だけにメイラード反応を起こさせたい場合は、高温で瞬時に焼き色をつければいい。

長く加熱すれば、当然タンパク質が熱変性を起こすので、メイラード反応とタンパク質の熱変性が起こる温度と時間の兼ね合いをうまく調節するのが、理想の仕上がりへの鍵だ。

また、温度が低くてもたっぷり時間をかければ、ゆるやかに反応は起こる。全体に色づけたい場合などは、低温でじっくり時間をかければいい。高温で時間をかけると、今度は炭化して苦味が出てくる。

カラメル化に注意

カラメル化は、加熱によって糖が変化する反応。アミノ化合物とは結びつかず、糖単体で反応が起こる点が、メイラード反応との違いだ。

メイラード反応を起こすとき、じつは、カラメル化も同時に起こっている。ただし、温度が高すぎると、メイラード反応が起こる前に還元糖の多くがカ

メイラード反応とカラメル化

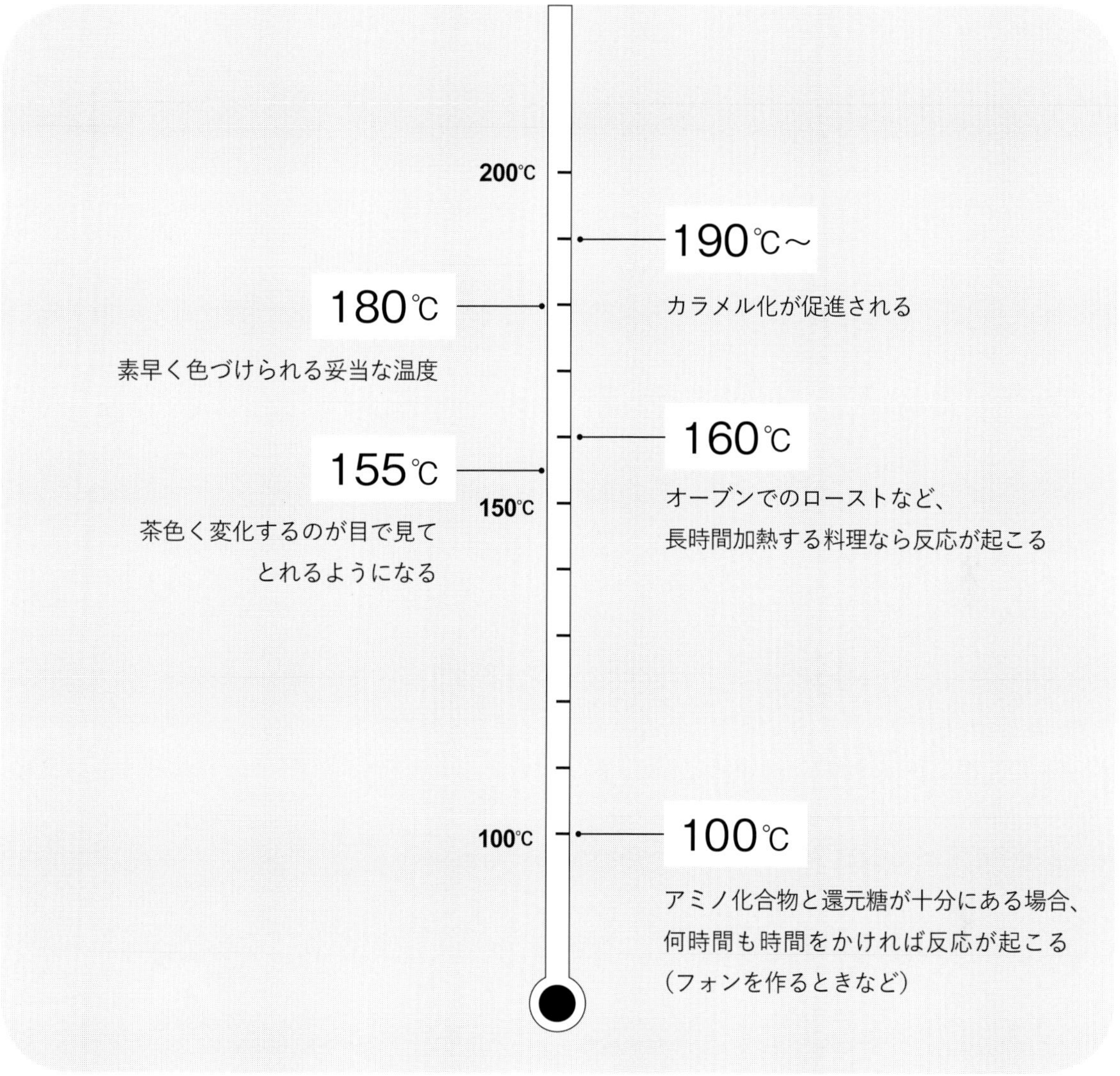
200℃
190℃～
カラメル化が促進される
180℃
素早く色づけられる妥当な温度
160℃
オーブンでのローストなど、
長時間加熱する料理なら反応が起こる
155℃
150℃
茶色く変化するのが目で見て
とれるようになる
100℃
100℃
アミノ化合物と還元糖が十分にある場合、
何時間も時間をかければ反応が起こる
（フォンを作るときなど）

ラメル化してしまい、メイラード反応を起こす分の還元糖が足りなくなってしまう。こうなると、メイラード反応ならではの風味は得られないし、カラメル化によって、苦味が強くなることもある。

１９０℃前後でカラメル化が促進されるので、フライパンなどで焼き色をつけるさいは、熱しすぎないように気をつけたい。

食材の水分量がポイント

メイラード反応は、水分によっても速度が変化する。水分が少なすぎると、アミノ化合物と還元糖が結びつくための流動性が足りず、反応がはじまらない。逆に水分が多すぎると、反応が抑制されてしまう。

湿った食品では、容易に反応がはじまらないので、肉や魚を焼くさいには、表面の水分をふき取っておくことが大切。また、塩を焼く直前にふると、加熱中に水分が表面に浮いてくるので、表面の水分が蒸発するのに時間がかかり、反応が遅くなる。

pH値も反応に関わる

食品には、酸性のものと、アルカリ性のものがある。このpH値も、メイラード反応に関わっている。酸性が強すぎる環境のもとでは、アミノ化合物が反応を起こしづらくなってしまう。そこで、卵白や重曹などのアルカリ性の食品を加え、酸性を和らげると、反応がよくなる。

香りと温度は密接に関係している！

香りは、温度によって空間への広がりかたが変わるため、香りを強く感じさせるには、供するときの温度にも注意したい。ここでは、「マルゴット・エ・バッチャーレ」チームが、0・8番コンソメ（58ページ）を完成させるために行った官能試験データを紹介する。香りの成分の種類と比率によって感じやすい温度帯は変わるので、各料理に見合った温度帯を見極めたい。官能試験は、その有用な手立てになるはずだ。

温度変化による コンソメの香りの官能試験

5℃から70℃まで、5℃ごとに別の温度に温めたコンソメ70㎖をブルゴーニュグラスに注ぎ、すぐに香りを確認して、香りの強度を10段階で官能評価した。

結果、コンソメの香りをもっとも強く感じる温度は50℃であった。50℃より高い温度では、60℃より熱くなると急激に香りを感じづらくなり、50℃より低い温度では、温度が下がるほど香りを感じづらくなったが、20℃以下では強度の変化はほとんどなかった。

温度変化によるコンソメの香りの官能試験

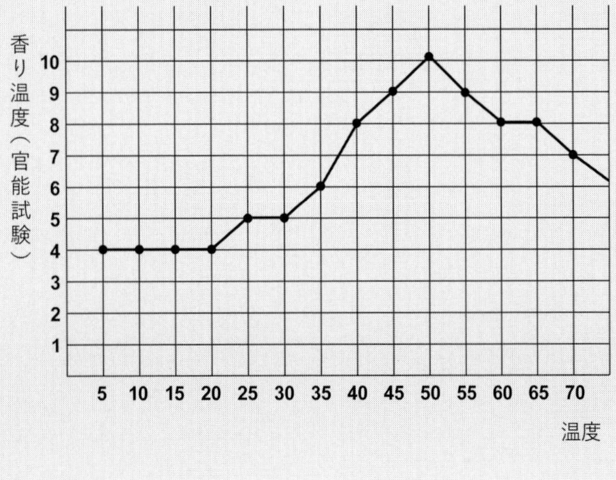

香りの官能試験とは？

同じ人間が、室温や湿度など、同じ環境のなかで香りを嗅覚で確認し、強度を主観評価する試験。

香りの分析には、気体成分分析装置や、ガス検知管などを使用して、香りの成分の濃度を計測する試験方法もあるが、マルゴット・エ・バッチャーレの岸さんによれば、料理のように複数の成分が組み合わさった複雑な香りの場合は、成分の濃度と、実際の香りの感じ方に差が出るため、濃度を測るより、人間の嗅覚を使った官能試験のほうが現実的な結果が得られるという。

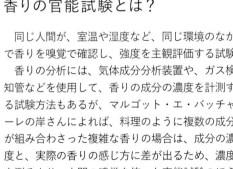

Report from Margotto e Baciare

この実験により、約70℃の温度でコンソメを提供し、提供直後よりも飲み進めるうちに温度が下がって香りを強く感じられるように調節している。また、コンソメの香りがもっとも強く感じる50℃を下回ったころを見計らってトリュフを削り入れ、コンソメの香りを十分に楽しんでからトリュフの香りを感じられるように工夫する。

温度変化による味の強さの変化

香りの官能試験と同時に、「温度変化による味の強さの変化」（出典：『調理科学』）にも着目。甘味、酸味、塩味、苦味の温度変化による味を感じる強さを見ると、酸味以外は、温度によって感じ方が変わることが分かる。

コンソメに特に関係が深い塩味については、50℃付近ではあまり感じられないが、温度が下がるにつれて強く感じるようになる。グラフにはないが、官能試験を行ってみると、塩味が強くなるのと同時に、35℃程度までなら、うま味も強く感じられることが分かった。

0・8番コンソメでは、70～45℃の温度帯では香りを十分に感じてもらい、45℃以下では、塩味と、塩味によってより強く感じられるであろう、うま味を楽しんでもらうことを意識して提供する。

温度と味覚の関係

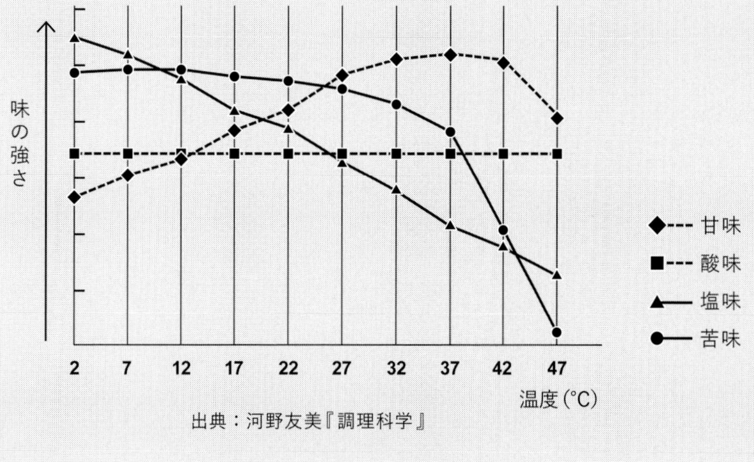

出典：河野友美『調理科学』

Recipe

カラーページで紹介した
料理の作り方

内藤泰治シェフ

山菜とチーズのリゾット

カラー写真は7ページ

材料（2人前）

アサリ	15個
水	適宜
塩	適宜
コシアブラ	10g
シドケ	30g
タラの芽	30g
エシャロット	¼個
菜種油	適宜
生米	70g
ハードチーズ（バッカス、清水牧場）	10g

作り方

❶ 砂抜きしたアサリと水を鍋に入れ、沸騰させる。アクを取り除きながら、殻が開き、だしが出るまで煮る。ザルで漉し、煮汁を使う。

❷ 900㎖に対して15gの塩を入れた湯で、コシアブラ、シドケ、タラの芽をそれぞれゆでる。ゆで時間は、コシアブラはさっと湯通しする程度、シドケは1分半、タラの芽は30〜40秒程度。それぞれ粗く刻む。

❸ 鍋にエシャロットのみじん切りと菜種油を入れて中火で炒める。

❹ 香りが出てきたら、生米を加え、透明になるまで炒める。

❺ アサリの煮汁を少しずつ加える。水分がなくなったら適宜足しながら煮込む。

❻ 16分たったら、山菜、チーズを加えて軽く煮込み、塩で味を調える。米を加えてから、合計で18分煮る。器に盛りつける。

オマール海老のコンソメ

カラー写真は9ページ

材料（4人前）

オマール海老 …… 2尾
無塩バター …… 16g
デグラセ用
　コニャック …… 30mℓ
　白ワイン …… 30mℓ
水 …… 適宜
クラリフェ用
　卵白 …… 3個分
　玉ねぎ …… ½個
塩 …… 適宜
強力粉 …… 適宜
菜種油 …… 適宜

作り方

オマール海老のコンソメを作る

❶　オマール海老は外子と内子をはずし、頭、胴体、足などのガラに分け、頭と殻はハサミで適当な大きさに切る。

❷　バターを入れた鍋に頭とガラ、コライユを一緒に入れて中火で炒める。色が変わり、水分が完全に飛ぶまでよく炒める。鍋底にうま味がこびりつき、焼き色がしっかりつくまでよく炒めるのが臭みを出さないポイント。

❸　コニャック、白ワインを加えて鍋底についたうま味を煮溶かし、全体がかぶる程度の水を加えて軽くわかす。

❹　大きなアクを取り除いたら、水分が1ℓになるまで、弱火で約2時間煮詰める。

❺　シノワで漉して粗熱を取ったら、冷やして油脂分を固め、取り除く。

❻　皮をむいて薄切りした玉ねぎ、卵白をよく混ぜ合わせる。

❼　⑤を紙漉しして鍋に入れ、⑥を加えて中火にかける。鍋底にこびりつかないように木べらで混ぜ合わせながら、沸騰させる。

❽　弱火にし、40分〜1時間かけて500mℓになるまで煮詰める。

オマール海老を焼いて仕上げる

❶　胴体の部分を縦半分に切り、重量に対して0.9％量の塩を断面にふる。

❷　強力粉を断面に軽くはたき、菜種油を敷いたフライパンに、断面を下にしてのせる。

❸　中火にかけ、殻で蒸し焼きするイメージで、3分焼き、ひっくり返して1分焼く。

❹　殻をはずして器にのせ、コンソメを注いで仕上げる。

京都丹波産野生日本鹿ロース肉のロースト

カラー写真は11ページ

材料（1人前）	
鹿ロース肉	120g
塩、黒こしょう	各適宜
菜種油	適宜
ソース	
赤ワイン	10mℓ
ポルト酒	10mℓ
黒粒こしょう	20粒
水	20mℓ
塩	適宜
無塩バター	15g
小松菜	1束

作り方

鹿肉をローストする

❶ 鹿肉はすじなどを取り除き、重量に対して0.9%量の塩とこしょう少々をふる。

❷ フライパンに菜種油を敷き、煙が出るまでよく熱する。肉をのせて表面に焼き色をつける。できるだけ短時間で焼き色をつけること。

❸ 200℃のオーブンで3分焼いたら取り出してひっくり返し、ボウルを上から被せて蓋をし、2分休ませる。

❹ オーブンで焼き、蓋をして休ませる作業を2〜3回くり返し、中心まで火が入ったら、3〜4分休ませる。

ソースを作る

❶ 赤ワイン、ポルト酒、黒粒こしょうを鍋に入れ、水分がなくなるまで煮詰める。

❷ 水20mℓ、バター、塩ひとつまみを加え、バターが溶けたら紙漉しする。

付け合わせを作って仕上げる

❶ 小松菜はよく水洗いし、900mℓの水に対して塩15gを加えた塩水で4分ゆでる。

❷ 水気を切り、5cm長さに切り分けて皿に盛る。

❸ ソースを敷き、鹿肉を半分に切り分けて断面を上にして盛りつける。塩を軽くふって仕上げる。

金目鯛のポワレとトマトのロースト

カラー写真は13ページ

材料（1人前）	
トマト	½個
金目鯛	60g
塩	適宜

作り方

❶ トマトはバーナーで表面をあぶって皮をむき、横半分に切る。

❷ 重量に対して0.9%量の塩を断面にふり、200℃のオーブンで15分焼く。

❸ 金目鯛を3枚におろし、60gに切り分ける。重量に対して0.9%量の塩を身と皮の両面にふる。

❹ フライパンに皮面を下にしてのせ、中火よりやや弱い火加減でじっくり焼く。

❺ 油が出てきたら、そのつどペーパーで吸い取り、油からの熱で身に火が入りすぎないように注意しながら、皮面の水分を完全に飛ばすようにしっかり焼く。

❻ 皮面によく焼き色がついたら火を弱め、ひっくり返してごく弱火で20秒程度身を温める。

❼ 皿にトマトと金目鯛を盛りつけて仕上げる。

短角牛のすね肉の赤ワイン煮込み

カラー写真は15ページ

材料（10人前）
短角牛の前すね肉……1本
赤ワイン……1440㎖（2本分）
塩、黒こしょう……各適宜
菜種油……適宜
玉ねぎ……½個
無塩バター……適宜
付け合わせ（出来上がりは1人前）
　レタス……⅓個
　菜種油……適宜
　水……適宜
　塩……適宜

作り方

赤ワイン煮込みを作る

❶　すね肉は余分な脂をすべて取り除き、5cm角にカットする。
❷　ひたひたの赤ワインで一晩マリネする。
❸　水気を拭き取り、重量に対して0.9%量の塩、黒こしょう適宜をふる。菜種油を敷いたフライパンを煙が出るまでよく熱し、すね肉を加えて強いきつね色がつくまでしっかりと表面を焼き固める。
❹　マリネで使った赤ワインと合わせて2本分の赤ワインを鍋に入れ、沸騰させてアクを取り除き、すね肉を加える。
❺　薄切りした玉ねぎを③のフライパンでしんなりするまで炒め、④に加える。
❻　圧力がかからないように少しずらして蓋をし、ごく弱火で3時間煮込む。肉が柔らかくなったら火を止め、さます。
❼　さめたら肉とソースに取り分ける。
❽　ソースは1人前につき40㎖を使用する。鍋に入れて溶かし、紙漉しする。
❾　40㎖のソースに対し、バター12〜15gを加えて溶かし、煮詰めて味を調整する。

付け合わせを作って仕上げる

❶　フライパンにごく少量の菜種油、水200㎖、塩少々を入れ、ちぎったレタスを加えて中火で煮る。レタスの外葉は使わずに残しておく。
❷　水が減ったら適宜足しながら15〜16分煮込む。水分を飛ばし、塩で味を調える。
❸　水分をペーパーで軽く吸い取る。
❹　900㎖に対して15gの塩を加えた湯で外葉をさっと湯通しし、③を巻く。
❺　皿にすね肉と④を盛りつけ、ソースを流して仕上げる。

クリスタルパスタ

カラー写真は19ページ

材料（10人前）

透明のガスパチョ
（出来上がりは約1kg）
- セロリ……50g
- エシャロット……45g
- にんにく……ごく少量
- 赤パプリカ……90g
- きゅうり……60g
- ケッパー……10粒
- トマト……1300g
- シェリーヴィネガー……14g
- 塩……4g

透明のガスパチョパスタ
- 透明のガスパチョ……400g
- 塩……5g
- イナアガー……6.5g

透明のソース（出来上がりは約180mℓ）
- 貝だし（114ページ）……100g
- 仔牛乾燥肉のだし（114ページ）……100g
- 卵白……16g
- プチドリップ……適宜

レモンのヴィネグレット
（出来上がりは約229mℓ）
- レモン汁……55g
- 蜂蜜……3g
- 白こしょう……0.25g
- 塩……3.5g
- ピュア・オリーブオイル……165g

パッションフルーツオイルの泡
- パッションフルーツ……30g
- トレア 純粋オリーブ油……40g
- 大豆レシチン……1g

活け剣先いかの胴体部分……400g
塩……適宜

＊プチドリップ（伊那食品工業株式会社）は、麦芽糖や寒天などを混ぜ合わせた粉末。食品からの離水を防いだり、非加熱でも液体にとろみをつけられる。
＊トレア 純粋オリーブ油（東洋オリーブ株式会社）は、無色のオリーブオイル。

作り方

**透明のガスパチョを作り、
パスタ状に固める**

❶ 野菜はそれぞれ薄切りにし、すべての材料を混ぜ合わせて一晩マリネする。

❷ ミキサーでまわしてピュレ状にし、布漉しして透明のエキスを抽出する。絞ったりせず、自然に漉すことで液体が透明になる。出来上がったエキスのうち、400gを使用する。

❸ 鍋に透明のガスパチョを入れて弱火にかけ、塩で味を調える。イナアガーを少しずつ溶かし入れる。

❹ 軽く沸騰させたら、12×18cmのバットに流し入れ、冷やし固める。1cm幅にカットする。

透明のソースを作る

❶ 貝だしと仔牛乾燥肉のだしを混ぜ合わせて鍋に入れる。卵白を泡立ててメレンゲにし、鍋に加えて沸騰させる。

❷ 弱火にし、クラリフェする。液体が180mℓになるまで煮詰め、さめたら冷蔵庫で冷やす。

❸ 液体50mℓに対して、プチドリップ1gを加えて混ぜ合わせ、とろみをつける。

レモンのヴィネグレットを作る

❶ オリーブオイル以外の材料を混ぜ合わせて溶かす。

❷ オリーブオイルを少しずつ加えて混ぜ合わせ、乳化させる。

パッションフルーツオイルの泡を作る

❶ パッションフルーツとオリーブオイルを混ぜ合わせて鍋に入れ、60℃になるまで温める。

❷ 60℃を5分ほど保ち、オイルに香りを移す。紙漉しする。絞らず、自然に漉すことでよい香りだけが移せる。

❸ パッションフルーツオイル25mℓに対し、レシチン1gを加え、60℃まで温めてレシチンを溶かす。

❹ 火からはずし、水槽用のポンプで泡立てる。

いかをさばいて盛りつける

❶ 生きた状態のいかをザルに上げて5分ほど置く。少し置くことでスミをはかなくなる。

❷ 素早くさばき、胴体の部分を1cm幅程度にそぎ切りする。

❸ ボウルにいか、パスタ状に切った透明のガスパチョを入れ、レモンのヴィネグレットと塩で味つける。

❹ 皿に透明のソース10gを流し、セルクルをのせて、中に③を80g入れる。

❺ セルクルをはずし、パッションフルーツの泡を盛りつける。

DNA

カラー写真は23ページ

材料（10人前）

アカザ海老……10尾

マリネ用フランボワーズのキュイソン

- バジル……5g
- エシャロット……50g
- フランボワーズ・ヴィネガー……150mℓ
- 蜂蜜……22.5g
- 塩……9g
- エクストラバージン・オリーブオイル……75mℓ

バルサミコソース

- バルサミコ酢……250mℓ
- 塩……3.5g

ラヴィゴット・ソースエマルジョン（出来上がりは約20人前）

- イタリアンパセリの葉……20g
- セルフィユの葉……25g
- エストラゴンの葉……10g
- シブレット……15g
- ピーナッツオイル……125mℓ
- 白ワインヴィネガー……25mℓ
- ケッパー……20g
- アンチョビペースト……2.5g
- ディジョンマスタード……12.5g
- レモン汁……2.5g
- 卵黄……1個

クスクス

- スムール……75g
- フォン・ド・ヴォライユ……85mℓ
- トマト……75g
- きゅうり……40g
- セロリ……30g
- レモンのヴィネグレット(110ページ)……15g
- アカザ海老のみそ……適宜
- 塩……2g
- 白こしょう……少々

フランボワーズの球体ソース

- フランボワーズ……170g
- フランボワーズ・ヴィネガー……3mℓ
- 蜂蜜……15g
- 塩……1g
- 液体窒素……適宜

盛りつけ

- ラディッシュ……適宜
- サラダ（ピサンリ、マジックレッド、マイクロクレソン、エンダイヴ、レッドカラシミズナ）……各適宜
- 食用花（ビオラ、ナデシコ、スイートアリッサム、ボリジ、カレンデュラ）……各適宜
- レモンのヴィネグレット(110ページ)……適宜

作り方

アカザ海老をミキュイに仕上げる

❶　アカザ海老は頭、殻、卵をはずし、身に竹串を刺す。卵は飾りに、海老みそはクスクスに使用する。

❷　沸騰した湯に身を入れ、1分15秒加熱し、すぐに氷水で冷やす。外側が60℃程度、芯温42℃のミキュイに仕上げる。ゆで時間は海老のサイズによっても異なる。ここでは、頭つきで180g前後を使用。

❸　マリネ用のバジルは細切り、エシャロットは薄切りにして混ぜ合わせる。

❹　マリネ用の残りの材料をよく混ぜ合わせおく。

❺　②の海老をバットにのせ、海老の両側に③を並べてサンドし、上から④の液体をかけてラップをぴたりと張りつけて密着させる。10分マリネしたら、海老を裏返してさらに10分マリネする。

バルサミコソースを作る

❶　バルサミコ酢を鍋に入れ、100mℓになるまで煮詰める。

❷　塩で味を調える。

ラヴィゴット・ソースエマルジョンを作る

❶　イタリアンパセリの葉、セルフィユの葉、エストラゴンの葉、シブレットをミキサーに入れ、ピーナッツオイルを加えてピュレ状にする。

❷　残りの材料をミキサーにかけ、①を少しずつ加えてつなぐ。

❸　60メッシュの漉し器で漉してなめらかにする。

クスクスを作る

❶　スムールに沸騰させたフォン・ド・ヴォライユを注ぎ、ラップをかけて10分蒸かす。

❷　トマト、きゅうりは3㎜角に切り、セロリは皮をむいて3㎜角に切る。

❸　すべての材料を混ぜ合わせる。

フランボワーズの球体ソースを作る

❶　液体窒素以外の材料をミキサーにかけ、シノワで漉し、ディスペンサーに入れる。

❷　ボウルに液体窒素を注ぎ、フランボワーズのディスペンサーで粒状になるように1滴ずつ落とし入れる。

盛りつける

❶　ディスペンサーにバルサミコソースを入れ、皿の奥にらせん模様を描く。

❷　皿の手前にラヴィゴットソースを敷き、クスクスを盛りつける。

❸　薄切りしたラディッシュ、サラダ、食用花をクスクスの上に盛りつける。

❹　アカザ海老をクスクスの手前に盛りつけ、上にアカザ海老の卵を並べる。

❺　バルサミコソースの間にフランボワーズの球体ソースをのせる。

❻　サラダにレモンのヴィネグレットをかけて仕上げる。

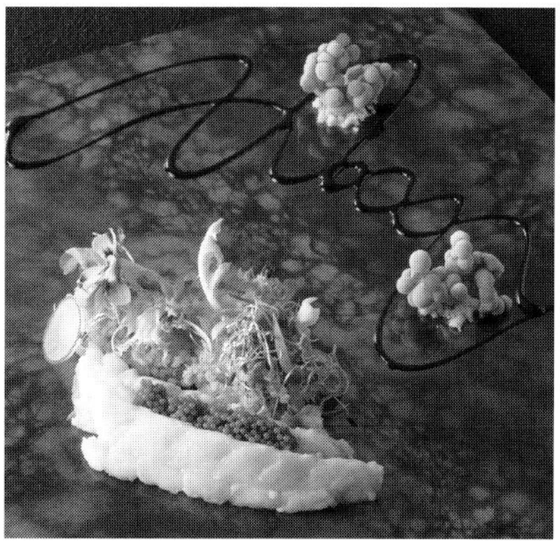

発酵バタークリームを作る

❶ 発酵バターは常温に戻しておく。

❷ 牛乳、卵黄、塩を混ぜ合わせて湯煎にかけ、泡立てながら82℃まで温める。

❸ 温度が上がったら湯煎からはずし、混ぜ合わせて40℃まで温度を下げ、発酵バターを少しずつ混ぜ合わせて乳化させる。

熟成鹿をローストする

❶ 鹿肉は全体に塩をふる。

❷ オリーブオイルを敷いたフライパンを強火で熱し、鹿肉の表面に焼き色をつけ、黒こしょうをふる。

❸ 200℃のオーブンで1分ずつひっくり返しながら焼き、合計で3分焼いたらアルミホイルにくるんで休ませる。冷蔵庫で冷やし、盛りつける直前に切り分ける。

盛りつける

❶ 皿の端に、直径4.5㎝のセルクルを置き、中にビーツパウダーを茶漉しでふりかけて円形にし、中央に発酵バタークリームを星口金で絞る。ビーツのセッシェをクリームの上に刺す。

❷ 湯むきし、軽く塩をふったフルーツトマトをくし切りにし、3か所に盛る。

❸ 紫キャベツとシャドークイーンのマリネ、絞った発酵ビーツと発酵赤キャベツ、薄切りにした鹿肉をトマトの上にのせ、発酵ビーツのキャビアを盛りつける。

❹ ビーツのタピオカ、プチレッドソレルを飾って仕上げる。

発酵ビーツと熟成鹿の冷製ボルシチ

カラー写真は21ページ

材料（6人前）

発酵ビーツと発酵赤キャベツ
- ビーツ……20g
- ビーツの絞り汁……140g
- 赤キャベツ……50g
- 塩……2.2g
- クミンパウダー……少々
- セロリシード……50粒
- 雪塩……適宜

発酵ビーツキャビア
- 発酵ビーツと発酵赤キャベツのジュース……100mℓ
- 板ゼラチン……3g
- ピュア・オリーブオイル……適宜

ビーツのセッシェ（出来上がりは約30人前）
- ビーツ……1個
- マルトセック……適宜
- 塩……適宜

紫キャベツとシャドークイーンのマリネ
- 紫キャベツ……30g
- じゃがいも（シャドークイーン）……30g
- にんにく……適宜
- ピュア・オリーブオイル……適宜
- 塩、白こしょう……各適宜

ビーツのタピオカ
- タピオカ……30粒
- 発酵ビーツと発酵赤キャベツのジュース……適宜
- 塩……適宜

発酵バタークリーム（出来上がりは約400g）
- 発酵バター……200g
- 牛乳……120g
- 卵黄……80g
- 塩……4g

熟成鹿のロースト
- 熟成鹿ロース肉……210g
- ピュア・オリーブオイル……適宜
- 塩、黒こしょう……各適宜

盛りつけ
- ビーツパウダー……適宜
- フルーツトマト……適宜
- プチレッドソレル……適宜

作り方

ビーツを発酵させる

❶ 密封瓶を煮沸殺菌し、乾燥させておく。

❷ ビーツは60℃のスチームコンベクションで4〜6時間蒸し、さます。皮をむき、20gはチーズおろし金で粗く削り、残りは細かくすりおろす。

❸ 細かくすりおろしたビーツを布にくるんで絞る。絞り汁140gを使用する。残った繊維は、雪塩を少量加えてディッシュウォーマーで乾燥させ、ミルサーでパウダーにし、盛りつけで使う。

❹ ボウルに薄切りした赤キャベツ、ビーツ、③、塩、クミンパウダー、セロリシードを入れてよく混ぜ合わせる。

❺ 密封瓶に④を入れる。赤キャベツとビーツが液体に完全に浸かるように。表面にラップを張りつけ、密封する。

❻ 25〜27℃の場所に3日ほど置いておくと、発酵しはじめる。味見して、ほどよい酸味がついたら冷蔵庫で保存する。

発酵ビーツキャビアを作る

❶ 発酵ビーツと発酵赤キャベツのジュースの一部を鍋で温めてゼラチンを溶かし、残りのジュースに戻す。常温になるまでさまし、ディスペンサーに入れる。固まるまで冷やさないこと。

❷ 冷蔵庫で固まる寸前（6〜10℃程度）まで冷やしたオリーブオイルに、①を1滴ずつ落とす。オリーブオイルの冷たさで液体が固まり、粒状に下に溜まる。網で漉して、粒を使用する。

ビーツのセッシェを作る

❶ ビーツは60℃のスチームコンベクションで4〜6時間蒸す。

❷ スライサーで薄切りし、マルトセックを両面にまぶし、バットに並べる。

❸ コンベクションの50℃の温風モードで、水分が出てくるまで加熱し、水分が出てきたら塩を軽くふって再度加熱し、完全に乾燥させる。

❹ 仕上げに180℃のオーブンで1分、裏返して30秒焼く。オーブンに入れすぎると色が変わってしまうので注意すること。

紫キャベツとシャドークイーンのマリネを作る

❶ 鍋にみじん切りしたにんにくとオリーブオイルを入れて中火にかけ、油ににんにくの香りを移す。

❷ 紫キャベツは塩ゆでし、じゃがいもは200℃のオーブンでローストする。

❸ 紫キャベツは細長いせん切り（ジュリエンヌ）に切り、じゃがいもはひと口大に切ってボウルに合わせる。

❹ ①、塩、こしょうで味つける。

ビーツのタピオカを作る

❶ タピオカをゆで、さます。

❷ 発酵ビーツと発酵赤キャベツのジュースに塩を少量加えて味を調え、タピオカを浸ける。1時間ほどおき、色と味を移す。

貝だし

材料（出来上がりは約2.5ℓ）

アサリ……2kg
玉ねぎ……400g
にんじん……200g
セロリ……100g
コリアンダーシード……2g
フェンネルシード……2g
タイム……6本
ローリエ……2枚
白ワイン……900mℓ
水……1200mℓ
ティオペペ……300mℓ

作り方

❶ 砂抜きしたアサリと皮をむいて薄切りにした野菜、残りの材料をすべて鍋に入れ、中火にかける。
❷ アサリの殻が開いたら、アサリだけ取り出し、弱火にして30分ほど煮詰め、紙漉しする。

はしきれ野菜だし

材料（出来上がりは約1ℓ）

水……1ℓ
ヤングコーンのひげ……8g
とうもろこしの芯……4本分
乾燥マッシュルームの芯……15g
乾燥キャベツ(外側の固い葉)……3枚
乾燥白菜（外側の固い葉）……3枚
乾燥アスパラガスの皮……8g

＊乾燥野菜類は、はしきれ野菜をまとめてバットに並べ、乾燥させたもの。キャベツ、白菜はあらかじめ塩ゆでしてから乾燥させる。

作り方

❶ 鍋に、水、ヤングコーンのひげ、半分に割ったとうもろこしの芯を入れ、沸騰しない程度の火加減で煮出す。
❷ 味が出たらシノワで漉し、残りの材料を加え、沸騰しない程度の火加減で10分煮出して漉す。

仔牛乾燥肉のだし

材料（出来上がりは約370mℓ）

仔牛乾燥肉
　仔牛のすじ肉……500g
　白ワイン……300g
　ローリエ……1枚
　白粒こしょう……15粒
　塩……6g
　ざらめ糖……15g
水……500mℓ

作り方

❶ 仔牛乾燥肉を作る。材料を混ぜ合わせ、一晩マリネする。
❷ ガス台の上など、温かい場所におき、完全に水分が抜けるまで乾燥させる。
❸ 鍋に仔牛の乾燥肉100gと水500mℓを入れて中火にかけ、沸騰したら弱火にし、乾燥肉から味が抜けるまで約1時間程度煮る。煮詰まってきたら適宜水を加える。
❹ シノワで漉し、さらに紙漉しする。

ひつまぶし

カラー写真は25ページ

材料（8人前）

- 穴子……320g
- おこげ（出来上がりは約15人前）
  - 米（炊いたもの）……1合分（320g）
  - 水……250㎖
  - サラダオイル……適宜
- ポワローのエスプーマ（出来上がりは約350g）
  - 洋ねぎ……1本
  - 無塩バター……適宜
  - 38％生クリーム……50g
  - 塩、白こしょう……各適宜
  - エスプーマホット（SOSA社）……全体量の5％
- 穴子の詰めのベース（出来上がりは約1.6ℓ）
  - 蜂蜜……180g
  - 白バルサミコ酢……適宜
  - 赤ポルト酒……150㎖
  - マデラ酒……300㎖
  - マルサラワイン……350㎖
  - フォン・ド・ヴォー……2ℓ
- 穴子の詰め（出来上がりは約450㎖）
  - 穴子の詰めのベース……530㎖
  - 穴子の頭と骨……150g
  - 木の芽……少々
- ねぎオイル（出来上がりは約570g）
  - 九条ねぎ……3束（433g）
  - ピュア・オリーブオイル……800㎖
- 仔牛乾燥肉のだし……100㎖
- はしきれ野菜だし……100㎖
- 水溶き葛粉……適宜
- 塩……適宜
- 山椒の実……32粒
- 玉ねぎスプラウト……適宜

作り方

おこげを作る

❶ 通常の固さに炊いた米と水を鍋に入れ、中火で米がおかゆ程度になるまで柔らかく煮る。

❷ バットに7㎜程度に薄く伸ばす。常温で12時間以上乾燥させる。オーブンの上など、熱いところに置いておくと膨らまないので気をつける。

❸ 220℃のサラダオイルで揚げる。

ポワローのエスプーマを作る

❶ 洋ねぎをひと口大に切り、バターを敷いたフライパンで色づけないように炒める。

❷ 甘味が出て、水分がなくなったら、ミキサーが回る程度の水と一緒に回してなめらかなピュレ状にし、シノワで漉す。

❸ ボウルに、ピュレ300g、生クリームを入れて混ぜ合わせ、塩、こしょうで味を調える。

❹ エスプーマホットを加え、バーミックスでよく混ぜ合わせる。エスプーマに入れ、亜酸化窒素ガスを充填する。ガスを入れた直後は柔らかいので、オーブンの上など、温かい場所に1時間程度おいて、粘度を持たせる。

穴子の詰めを作る

❶ 蜂蜜をキャラメリゼし、白バルサミコ酢を加えて色止めする。

❷ 酒類をすべて加え、水分がなくなって照りが出てくるまで煮詰める。

❸ フォン・ド・ヴォーを加え、1.6ℓになるまで煮詰める。このうち、530㎖を使用する。

❹ 穴子をさばき、頭と骨をきれいに洗い流し、ゆでこぼして臭みを取り除く。

❺ 頭と骨を炭火で色づくまでよく焼く。

❻ ③に⑤を入れて煮出し、風味を移す。シノワで漉し、木の芽を加えて香りを移す。

ねぎオイルを作る

❶ オリーブオイルを鍋で60℃になるまで温め、ミキサーに入れ、適度な大きさに切った九条ねぎを加えて色と香りが移るまで回す（約5～8分）。

❷ シノワで漉してから、さらに紙漉しする。

仔牛乾燥肉と野菜のスープを作る

❶ 鍋に仔牛乾燥肉のだしとはしきれ野菜だしを混ぜ合わせて火にかけ、水で溶いた葛粉を加えてとろみをつけ、塩で味を調える。

穴子を焼いて仕上げる

❶ 穴子の身に詰めを刷毛で両面に塗って強火の炭火で焼く。途中で何度か塗り足しながら、皮面に焼き色がつくまでよく焼く。

❷ 仔牛乾燥肉と野菜のスープを温め、ねぎオイルをたらし、皿に流す。

❸ 穴子をひと口大に切り分けて盛りつけ、ポワローのエスプーマを上に絞る。

❹ 山椒の実を、1皿につき4粒のせる。

❺ おこげをひと口大に割って盛りつけ、玉ねぎスプラウトで飾る。

メイラード反応のコンディマンの各材料

材料
（それぞれ作りやすい分量）

ピーナッツバタークリーム	
ピーナッツ	150g
メープルシロップ	25g
塩	適宜
無塩バター	10g
38％生クリーム	135mℓ
青りんごソテー	
青りんご	1個
無塩バター、塩	各適宜
玉ねぎソテー	
玉ねぎ	1個
無塩バター、塩	各適宜
アンディーブのオレンジ煮ソテー	
アンディーブ	1個
オレンジ汁	100mℓ
無塩バター	適宜
塩	0.5g
グラニュー糖	3g
コリアンダー	10粒

作り方

ピーナッツバタークリームを作る

❶ 150℃のオーブンでピーナッツをきつね色になるまでローストする。
❷ 粗熱が取れたら、ロボクープに入れ、なめらかなペースト状になるまでよく回す。
❸ メープルシロップ、塩を加えてなめらかにし、バターを加えてよく混ぜ合わせる。
❹ ボウルに移し、完全にさめたら生クリームを少しずつ加えながらバーミックスで混ぜ合わせて乳化させる。

青りんごソテーを作る

❶ 青りんごを2mm角に切る。
❷ 鍋にバターと①を入れて弱火〜中火にかけ、きつね色になるまで炒める。塩で味を調える。

玉ねぎソテーを作る

❶ 玉ねぎをみじん切りにする。
❷ 鍋にバターと①を入れて中火にかけ、きつね色になるまで炒める。塩で味を調える。

アンディーブのオレンジ煮ソテーを作る

❶ 鍋にバターを溶かし、半分に切ったアンディーブを入れて炒める。
❷ 軽く炒めたら塩、グラニュー糖を加えてキャラメリゼし、オレンジ汁、コリアンダーを加えてアンディーブが柔らかくなるまで煮込む。火からはずし、粗熱が取れたら、冷蔵庫で冷やす。
❸ 鍋に15gのバターを溶かし、みじん切りにした②を加え、中火できつね色になるまで炒める。

パンデピス

材料
（17×6cm、高さ4cmの
パウンド型2本分）

全卵	50g
牛乳	42mℓ
オレンジコンフィ	50g
ココナッツファイン	15g
フルール・ド・セル	1.2g
蜂蜜	60g
トレハロース	40g
強力粉	32g
全粒粉	65g
コーンスターチ	12g
アニスパウダー	1g
シナモンパウダー	2g
ナツメグパウダー	0.5g
クローブパウダー	0.5g
ベーキングパウダー	4g
シロップ	
水	20mℓ
マリブリキュール	20mℓ

作り方

パンデピスを焼く

❶ 全卵と牛乳を混ぜ合わせ、人肌まで温めておく。
❷ オレンジコンフィ、ココナッツファイン、フルール・ド・セルを混ぜ合わせておく。
❸ 鍋に蜂蜜、トレハロースを入れ、トレハロースの粒がなくなるまで温める。
❹ ②、③を混ぜ合わせる。
❺ 強力粉、全粒粉、コーンスターチ、アニスパウダー、シナモンパウダー、ナツメグパウダー、クローブパウダー、ベーキングパウダーをふるってボウルに入れ、④を混ぜ合わせる。
❻ ①を加えてよく混ぜ合わせる。
❼ 型に同サイズの紙型を敷き、生地を流して表面を平らにならす。
❽ 135℃のコンベクションオーブンで40分焼く。
❾ 水を沸騰させ、マリブリキュールを加えて混ぜ合わせ、シロップを作る。
❿ 焼き上がったパンデピスの表面にシロップを刷毛でしみ込ませる。さめたらラップで覆い、冷蔵庫で1日寝かせる。
⓫ クルトンにするときは、パンデピスを手でほぐし、140℃のオーブンで色づくまで焼き、取り出してよく乾燥させる。

メイラード反応のデクリネゾン

カラー写真は27ページ

材料（10人前）

メイラード反応のコンディマン
- ピーナッツバタークリーム　100g
- 青りんごソテー　30g
- 玉ねぎソテー　30g
- アンディーブオレンジ煮ソテー　50g
- 塩　適宜

ソース・ヴァン・ルージュ（このうち100mℓを使用）
- 無塩バター　適宜
- マッシュルーム　8個
- エシャロット　3個
- ルビーポルト酒　350mℓ
- 赤ワイン　350mℓ
- フォン・ド・ヴォー　2ℓ

コーヒー豆のソース・ヴァン・ルージュ（出来上がりは約70mℓ）
- ソース・ヴァン・ルージュ　100mℓ
- 焙煎したてのコーヒー豆　15g
- 無塩バター（モンテ用）　適宜
- 塩　適宜

塩釜
- 卵白　110g
- 塩　1kg

仔牛内もも肉　800g
網脂　適宜
ルビーオニオン（赤小玉ねぎ）　20個
ピュア・オリーブオイル　適宜
塩　適宜
洋ねぎ　½本
サラダオイル　適宜
無塩バター　適宜
パンデピスのクルトン　30g

スモーク
- 麦芽　3g
- 麦芽糖　3g
- カルダモン　3g

作り方

メイラード反応のコンディマンを作る

❶ すべての材料をよく混ぜ合わせる。

コーヒー豆のソース・ヴァン・ルージュを作る

❶ ソース・ヴァン・ルージュを作る。バターを敷いた鍋に、薄切りにしたマッシュルームとエシャロットを加え、弱火でしんなりするまで炒める。
❷ しんなりしたら、ルビーポルト酒、赤ワインを加え、水分がほぼなくなり、照りが出てくるまで煮詰める。
❸ フォン・ド・ヴォーを加え、とろみが出るまでさらに煮詰める。ここから100mℓを使用する。
❹ 鍋に③、コーヒー豆を入れて中火にかけ、沸騰させないように注意しながら、コーヒー豆の香りを移す。
❺ 香りが移ったらシノワで漉す。
❻ バターを少しずつ加えて溶かし、混ぜ合わせる。塩で味を調える。

仔牛肉を塩釜で焼く

❶ 卵白をしっかり泡立てて固いメレンゲを作り、塩を加えて練り合わせる。
❷ 仔牛肉はすじや余分な脂を取り除き、1人前80gずつに切り分け、成形する。網脂を巻く。
❸ ②を①で厚さ1.5㎜程度に全体を覆う。厚さにむらができないように注意すること。
❹ 200℃のオーブンで芯温が39℃になるまで焼く。
❺ 取り出して、余熱で芯温が54℃になるまで休ませる。

付け合わせを作る

❶ ルビーオニオンは皮をむいて縦半分に切り、ゆでて芯をはずす。
❷ フライパンにオリーブオイルを敷き、オニオンの切り口を下にして置き、軽く塩をふり、中火で断面に焼き色をつける。
❸ 洋ねぎを細切りにし、水にさらして辛味を取り除く。
❹ よく水気を拭き取り、150〜160℃のサラダオイルで色づくまで揚げる。塩をふって味を調える。

仕上げる

❶ 仔牛肉を塩釜から取り出し、オリーブオイルと多めのバターを入れたフライパンにのせ、アロゼしながら中心まで温める。焼き色をつけないように気をつける。
❷ 皿にメイラード反応のコンディマンをのせ、ルビーオニオンでまわりを囲む。
❸ ②の上に洋ねぎのフリットを盛りつけ、パンデピスのクルトンを飾る。
❹ コーヒー豆のソース・ヴァン・ルージュを皿の端に流す。
❺ 仔牛肉を盛りつけ、ガラスのポットで蓋をする。
❻ スモークガンにスモークの材料を入れて火をつけ、⑤のポットの中に煙を充満させる。素早く蓋をして煙を閉じ込め、供する。

球体アイスを作る

❶ 3種類のエスプーマを半球型のシリコン型に均等に絞り入れる。

❷ 箸でマーブル状にかき混ぜ、冷凍庫で凍らせる。

❸ 半分にいちごエスプーマを少量絞って接着剤がわりにし、絞っていないほうを型からはずして張り合わせ、球状にする。再度凍らせる。

❹ 凍ったら型からはずし、はみ出た部分をならして成形する。

飴のリングを作る

❶ すべての材料を鍋に入れ、156℃まで煮詰める。

❷ 火を止めて120℃までさまし、箸の太いほうで飴をすくい、セルクルに巻きつけるように細い糸状にたらす。

クレーム・シャンティを作る

❶ すべての材料をミキサーに入れ、8分立てに泡立てる。

赤いジェノワーズを作る

❶ ジェノワーズをロボクープで細かく砕き、いちごパウダーを加えて混ぜ合わせる。

いちごコンソメを作る

❶ いちごのへたを取り、密封容器に入れ、グラニュー糖をまんべんなくまぶす。

❷ 90℃のスチームコンベクションで1時間加熱する。

❸ 果汁が十分に出たらキッチンペーパーを敷いたシノワで漉し、冷やす。

ベリーのソースを作る

❶ いちご、フランボワーズ、カシス、グロゼイユにグラニュー糖をまんべんなくまぶし、水分が出てくるまで約1時間マリネする。

❷ 鍋に入れ、柔らかくなるまで煮る。水分が足りなければ、水を少し加える。

❸ ミキサーにかけてピュレ状にし、シノワで漉して冷やす。

クリームの泡を作る

❶ すべての材料を混ぜ合わせ、水槽用のポンプを入れてよく泡立てる。

盛りつける

❶ 球体アイスを5分程度常温に出して表面の霜を落ち着かせておく。

❷ カットしたいちごを皿に丸く並べ、まわりにクレーム・シャンティを丸口金で絞る。

❸ ②の中央にベリーのソースを流し、クレーム・シャンティを絞って蓋をする。

❹ 表面をならし、赤いジェノワーズをふりかけてクレーム・シャンティを覆う。

❺ 飴のリングの真ん中に金箔をつけ、④の上に飾り、球体アイスをのせる。

❻ グラスにいちごコンソメを注ぎ、ジェノワーズ・エスプーマを絞る。

❼ クリームの泡を盛りつけて完成。

ジェノワーズ

材料

（43×32㎝、
高さ2.5㎝の天板2枚分）

卵黄	170g
水飴	30g
牛乳	180g
サラダオイル	148g
薄力粉	214g
卵白	400g
グラニュー糖	200g

作り方

❶ 卵黄、水飴を混ぜ合わせ、湯煎にかけながら軽く泡立てる。

❷ 牛乳、サラダオイルを①に少量ずつ加え、そのつどよく混ぜ合わせる。

❸ 薄力粉をふるい入れ、ゴムべらで混ぜ合わせる。

❹ 卵白をミキサーに入れ、グラニュー糖を3回に分けて加えながらよく撹拌し、固いメレンゲを立てる。

❺ ③に④を少量加えてしっかりと混ぜ合わせ、残りの④を加えて、泡をつぶさないようにさっくり混ぜ合わせる。

❻ クッキングシートを敷いた天板に生地を流して平らにならし、175℃のコンベクションオーブンで15分焼く。

3種のショートケーキ

カラー写真は29ページ

材料（25人前）

ジェノワーズ・エスプーマ
（出来上がりは約500g）
- 練乳 …… 45g
- 牛乳 …… 45mℓ
- ジェノワーズ …… 45g
- 牛乳 …… 175mℓ
- 38％生クリーム …… 105mℓ
- トンカ豆 …… 15g
- クレーム・パティシエール …… 120g
- エスプーマコールド（SOSA社）…… 9g

シャンティ・エスプーマ
（出来上がりは約300g）
- 牛乳 …… 75g
- 47％生クリーム …… 225g
- グラニュー糖 …… 30g

いちごエスプーマ
（出来上がりは約335g）
- 完熟いちご …… 500g
- グラニュー糖 …… 65g
- エスプーマコールド（SOSA社）…… 16g

飴のリング
- グラニュー糖 …… 100g
- 水飴 …… 50g
- 水 …… 50mℓ

クレーム・シャンティ
- 38％生クリーム …… 500g
- グラニュー糖 …… 50g
- バニラビーンズ …… バニラ棒1本分

赤いジェノワーズ
- ジェノワーズ …… 500g
- フリーズドライ・いちごパウダー …… 30g

いちごコンソメ（出来上がりは約315g）
- 完熟いちご …… 500g
- グラニュー砂糖 …… 25g

ベリーのソース（出来上がりは約410g）
- 完熟いちご …… 145g
- フランボワーズ …… 145g
- カシス …… 72g
- グロゼイユ …… 72g
- グラニュー糖 …… 78g

クリームの泡（出来上がりは約220g）
- 牛乳 …… 150mℓ
- 38％生クリーム …… 50mℓ
- グラニュー糖 …… 20g
- 大豆レシチン …… 0.5g

いちご …… 適宜
金箔 …… 適宜

作り方

ジェノワーズ・エスプーマを作る

❶ 練乳と牛乳45mℓを混ぜ合わせ、ジェノワーズを浸して水分を吸わせる。

❷ 牛乳175mℓ、生クリームを鍋に入れて沸騰させ、刻んだトンカ豆を加えて蓋をし、10分蒸らして香りを移す。シノワで漉して冷やす。

❸ 完全にさめたら、クレーム・パティシエールに少しずつ加えながら混ぜ合わせる。

❹ ①をミキサーで回してよく混ぜ合わせ、なめらかなピュレ状にする。

❺ ③に④を混ぜ合わせ、エスプーマコールドを加えてバーミックスでよく混ぜ合わせる。エスプーマに入れ、亜酸化窒素ガスを充填し、冷蔵庫で冷やしておく。

シャンティ・エスプーマを作る

❶ すべての材料をよく混ぜ合わせ、エスプーマに入れ、亜酸化窒素ガスを充填し、冷蔵庫で冷やしておく。

いちごエスプーマを作る

❶ いちごのへたを取り、グラニュー糖をまんべんなくまぶし、水分が出るまで約1時間マリネする。

❷ 鍋に液体ごと入れ、糖度が18度になるまで煮詰める。ミキサーにかけ、シノワで漉す。

❸ ②のピュレ200gにエスプーマコールドを加え、バーミックスで混ぜ合わせる。エスプーマに入れ、亜酸化窒素ガスを充填し、冷蔵庫で冷やしておく。

北海道産白魚とアスパラガスのブルーテ コンソメのゼリー寄せ タイム風味

カラー写真は35ページ

材料（20人前）

白魚	200g
アスパラガスのクリーム	
玉ねぎ	1個
メークイン	3個
洋ねぎ	¼本
グリーンアスパラガス	30本分
塩、白こしょう	各適宜
水	適宜
35％生クリーム	適宜
牛コンソメ	2ℓ
板ゼラチン	5枚
グリーンアスパラガスの穂先	40本分
タイムの花	適宜

作り方

白魚を加熱する

❶ 白魚を直径5cmのセルクルに10gずつ詰める。

❷ ラップをせず、65°Cのスチームコンベクションで40秒ほど加熱する。凝固がはじまり、透明な部分がまだ残っているぐらいが加熱の目安。

アスパラガスのクリームを作る

❶ 玉ねぎ、メークイン、洋ねぎはそれぞれ皮をむいて薄切りする。

❷ 玉ねぎを鍋に入れ、油は加えずにしんなりするまで炒める。

❸ 洋ねぎを加えて柔らかくなったらメークインを加え、90°Cのスチームコンベクションで1時間蒸し煮する。

❹ アスパラガスは穂先を切り、袴と皮を取り除き、3cm幅にざく切りする。90°Cのスチームコンベクションで15分蒸す。

❺ ③を弱火にかけ、水分を飛ばす。

❻ ひたひたまで水を加えて沸騰させ、弱火でさらに30分煮る。

❼ ④のアスパラガスを加えて軽く煮たら、ミキサーに入れ、塩、こしょうをしてピュレ状にし、さます。

❽ 生クリームを加えて濃度を調節し、塩、こしょうで味を調える。

コンソメジュレを作る

❶ ゼラチンが溶ける温度に牛コンソメを加熱し、ゼラチンを加えて溶かし、バットに流して冷やし固める。

アスパラガスを蒸して仕上げる

❶ アスパラガスの穂先は、100°Cのスチームコンベクションで2分蒸す。

❷ 氷水に落として冷やし、皮をむく。

❸ カクテルグラスに白魚をのせてセルクルをはずす。

❹ アスパラガスのクリームを白魚のまわりに流し、コンソメジュレをスプーンですくって上からかけ、白魚を覆う。

❺ 蒸したアスパラガスを2本盛りつけ、タイムの花を散らして仕上げる。

牛コンソメ

材料（出来上がりは約20ℓ）

牛すねミンチ肉	3kg
玉ねぎ	4個
にんじん	4本
洋ねぎ	½本
トマト	4個
セロリの葉	1束分
トマトコンサントレ	大さじ4
卵白	900mℓ
フォン・ブロン	30ℓ
ブーケ・ガルニ	1束
黒こしょう、グロセル、クローブ、ジュニパーベリー	各適宜

＊フォン・ブロンは、ツメ鶏、仔牛すね骨、牛すじ肉、香味野菜、香辛料を水で煮出したもの。

作り方

❶ クラリフェ用の玉ねぎ、にんじん、洋ねぎは薄切りする。トマト、セロリの葉は粗く刻む。

❷ 鍋に①、トマトコンサントレ、ミンチ肉を加えてよく混ぜ合わせ、卵白を加えて粘りが出るまでさらに混ぜ合わせる。

❸ フォン・ブロンを少しずつ加えながら混ぜ合わせて肉となじませる。

❹ 残りの材料を加え、強火にかけて沸騰するまでへらで混ぜ続ける。

❺ 表面に小さな穴を開け、弱火で6時間煮込む。

❻ 味と香りが出たら、布漉しする。

桜マスの炭火焼き ズッキーニのソース
竹の子の付け合わせ

カラー写真は33ページ

材料（4人前）

桜マス……140g
塩……適宜
フュメ・ド・ポワソン……35mℓ
ズッキーニ……½本
吉野本葛粉……適宜
レモン汁……¼個分
竹の子の穂先……1本分

＊竹の子は皮つきのまま米ぬかでアク抜きをしてゆでたもの。穂先部分のみ使用する。

作り方

桜マスを炭火焼きにする

❶ 桜マスをさばき、全体に軽く塩をふり、6時間締め、水分を十分に出して味を凝縮させる。

❷ キッチンペーパーで水分を拭き取り、35gずつに切り分ける。

❸ 身に金串を3か所打つ。厚い部分は、身の中心部分に刺し、薄くなるにつれて、少しずつ皮側に刺す。もっとも薄い部分には串は刺さず、最後に打つ部分は、皮面と身の間にさし込む。金串からの熱伝導によって、厚い部分は内側からも火入れを行い、厚い部分と薄い部分とで、均一に火入れをするのが狙い。

❹ 強火の炭火で皮面だけを焼く。余分な脂分を落とし、その煙で軽く燻香をつける。

❺ ときどき位置を移動させて、火加減を調節しながら、10分程度焼く。皮面の水分はしっかり抜け、ところどころに焼き色がつき、身側は、半分程度火が通った状態になっているのが目安。

フュメ・ド・ポワソンにズッキーニを加える

❶ フュメ・ド・ポワソンを鍋に入れて温める。

❷ ズッキーニをすりおろして加え、ひと煮立ちさせる。

❸ 美しく発色したら火を止め、水溶き葛粉、レモン汁を加えてとろみと酸味を調節し、塩で味を調える。

盛りつける

❶ 竹の子の穂先を薄切りする。

❷ 皿にフュメ・ド・ポワソンを敷き、竹の子を盛りつける。

❸ 桜マスを皮面を上にして盛りつける。

フュメ・ド・ポワソン

材料（出来上がりは約20 ℓ）

玉ねぎ……3個
フェンネル……⅓本
セロリ……3本
洋ねぎ……½本
白身魚のアラ（のどぐろ、黒ムツなど脂の多い魚と、鯛や平目などの淡泊な魚を合わせて使う）……合わせて3kg
白ワイン……⅓本
ペルノー……100mℓ
水……適宜
ブーケ・ガルニ……1束
塩、白こしょう……各適宜

作り方

❶ 玉ねぎ、フェンネル、セロリ、洋ねぎはそれぞれ皮をむいて薄切りする。魚のアラは水にさらして血抜きしておく。

❷ 鍋に野菜を入れてしんなりするまで炒め、魚のアラを加えて全体が白っぽくなるまで炒める。

❸ 白ワイン、ペルノー、ひたひたの水を加えて沸騰させ、アクを取り除いたら、ブーケ・ガルニと塩、こしょうを加える。

❹ 弱火にし、アクを取りながら40分煮込む。シノワで漉す。

このわたのフラン フュメ・ド・ポワソンのあんかけ

カラー写真は37ページ

材料（20人前）

このわたのフラン

フュメ・ド・ポワソン（121ページ）	900㎖
全卵	6個
このわた	適宜

フュメ・ド・ポワソンの餡

フュメ・ド・ポワソン	200㎖
吉野本葛粉	適宜
このわた	適宜
シブレット	適宜

作り方

❶ フュメ・ド・ポワソンを沸騰直前まで温めておく。

❷ よく溶いた全卵に①を少しずつ加えてよく混ぜ合わせる。

❸ 器に注ぎ、このわた小さじ1を加えてよく混ぜ合わせる。

❹ 蓋をし、85℃のスチームコンベクションで10分蒸す。

❺ 餡用のフュメ・ド・ポワソンを温め、水溶き葛粉を加えて濃度を調節する。

❻ フランの上にこのわたを少量のせ、フュメ・ド・ポワソンの餡をかける。シブレットのみじん切りを散らす。

地元兵庫赤穂産の焼き穴子のグラッセ 柑橘類のモザイクとキウイのソース

カラー写真は41ページ

材料（20人前）

柑橘類のモザイク仕立て（直径6㎝、長さ30㎝、深さ4.5㎝のとよ型2本分）

グレープフルーツ	3個
グレープフルーツ（ルビー）	3個
オレンジ	4個
板ゼラチン	5枚
蜂蜜	適宜

キウイフルーツのソース

キウイフルーツ	3個
濃度30％の砂糖水	350㎖
蜂蜜	大さじ3
レモン汁	2個分
穴子	7尾
赤ワイン	300㎖
みりん	300㎖
醤油	100㎖
クレソン	適宜
ピンクペッパー	適宜

作り方

柑橘類のモザイク仕立てを作る

❶ グレープフルーツとオレンジは房をはずし、軽くつぶして果汁を350㎖取る。

❷ 果汁に溶かしたゼラチンを加えて混ぜ合わせ、味を見て必要なら蜂蜜を加える。

❸ 型に②と果肉を流し入れ、冷やし固める。

キウイフルーツのソースを作る

❶ キウイフルーツは皮をむき、砂糖水と蜂蜜と一緒にミキサーでピュレ状にする。

❷ レモン汁を加えて混ぜ合わせる。

穴子をグラッセして仕上げる

❶ 穴子をさばき、中骨と内臓を取り除く。

❷ 皮面を下にして網にのせ、強めの炭火で15分程度焼く。水分をしっかり抜き、身を引き締める。時折裏返し、身側にも軽く焼き色をつける。

❸ 香ばしく焼き色がついたら火からはずし、頭を落として3等分する。

❹ 鍋に、赤ワイン、みりん、醤油を入れ、半量になるまで煮詰める。

❺ 穴子を皮面を下にして入れ、1分ほど煮てグラッセする。身の表面には液体がつかないように注意する。

❻ 身の表面に軽く液体をかけたら取り出す。

❼ キウイフルーツのソースを皿全体に流し、2.5㎝厚さに切った柑橘類のモザイク仕立てをのせる。

❽ クレソンを盛り、穴子を2枚のせる。

❾ ピンクペッパーを散らして仕上げる。

蒸しハマグリと、
ハマグリの出汁で仕上げたパプリカのソース

カラー写真は39ページ

材料（2人前）

パプリカピュレ（出来上がりは約2ℓ）
- 玉ねぎ……1個
- メークイン……3個
- 洋ねぎ……¼本
- セロリ……1本
- 赤パプリカ……4個
- 水……適宜
- ブーケ・ガルニ……1束
- 塩、白こしょう……各適宜

ハマグリ……2個

スナップエンドウ……6本

パプリカの泡ソース
- ハマグリのジュー……70㎖
- 35％生クリーム……大さじ2
- 牛乳……大さじ3

作り方

パプリカのピュレを作る

❶ 玉ねぎ、メークイン、洋ねぎ、セロリはそれぞれ皮をむいて薄切りする。

❷ 玉ねぎを鍋に入れ、油は加えずにしんなりするまで炒める。

❸ 洋ねぎ、セロリを加えて柔らかくなったらメークインを加え、90℃のスチームコンベクションで1時間蒸し煮する。

❹ 赤パプリカは薄切りし、90℃のスチームコンベクションで15分蒸す。

❺ ③を弱火にかけ、水分を飛ばす。

❻ ひたひたまで水を加えて沸騰させ、ブーケ・ガルニを加えて弱火でさらに30分煮る。

❼ ブーケ・ガルニを取り除き、④を加えて軽く煮たら、ミキサーに入れ、塩、こしょうをしてピュレ状にし、さます。塩で味を調える。

ハマグリを蒸す

❶ ハマグリは殻ごと80℃のスチームコンベクションで2分加熱する。5㎜ほど口が開いてくるぐらいが目安。

❷ 取り出したらすぐに殻からはずす。時間がたつと、ハマグリの身がぷっくりとせず、だれてきて食感が悪くなってしまう。

❸ 出てきたジューはソースに使用するので取っておく。

スナップエンドウを蒸す

❶ スナップエンドウはすじを取り除き、100℃のスチームコンベクションで2分蒸す。

パプリカの泡ソースを作って仕上げる

❶ パプリカピュレを鍋に入れて温め直し、ハマグリのジューを加える。

❷ 生クリーム、牛乳を加えて沸騰直前まで温め、ハンドブレンダーで泡立てる。

❸ 器に縦半分に切ったスナップエンドウを盛りつけ、ハマグリをのせる。

❹ 泡ソースを大さじ2かける。

落葉の抽象表現

カラー写真は45ページ

材料（15人前）

パルマ産プロシュート（スライス）……100g

ポテトチップス
- 新じゃがいも（男爵）……100g
- 塩……適宜
- 水……適宜

グリッシーニ（出来上がりは200g）
- 薄力粉……100g
- 塩……2.7g
- グラニュー糖……2.7g
- ココアパウダー……1g
- ピュア・オリーブオイル……12mℓ
- 水……58mℓ
- ドライイースト……全体の0.9％量

作り方

プロシュートを乾燥させる

❶　プロシュートをひと口大に切り分け、63℃のディハイドレーター（食品乾燥器）で一晩乾燥させる。

ポテトチップスを作る

❶　じゃがいもの皮をむき、ひたひたの水に塩ひとつまみを加えて柔らかくなるまでゆでる。

❷　ミキサーにじゃがいもと回る程度のゆで汁を加え、ピュレ状にする。

❸　クッキングシートの上に2㎜厚さに塗り伸ばし、120℃のオーブンで12分焼く。

❹　63℃のディハイドレーターで一晩乾燥させる。

グリッシーニを焼く

❶　粉類は合わせてふるっておき、すべての材料をよく混ぜ合わせる。グルテンが出ないよう、練りすぎないこと。

❷　板状に伸ばして細く切り分け、枝の形になるように、成形する。

❸　140℃のオーブンで12分焼く。

盛りつける

❶　ポテトチップスをプロシュートと同じぐらいのサイズに割る。

❷　ポテトチップス、プロシュート、グリッシーニを皿に盛りつける。

生ハム鮪

カラー写真は51ページ

材料（8人前）

鮪赤身……80g

醤油……適宜

竹炭のスポンジ
- 薄力粉……15g
- グラニュー糖……10g
- 全卵……5g
- 塩……2g
- 38％生クリーム……70mℓ
- 竹炭……適宜

作り方

鮪を熟成させる

❶　鮪はサクを8㎜厚さに切り分け、醤油に浸して3〜4分おく。

❷　キッチンペーパーで水気を拭き取り、脱水シートで挟んで、冷蔵庫で2日熟成させる。

竹炭のスポンジを焼いて仕上げる

❶　すべての材料を混ぜ合わせ、エスプーマのサイフォンに入れ、亜酸化窒素ガスを充塡する。一晩寝かせる。

❷　紙コップの底に小さな穴を2か所空け、①を3㎝厚さ程度に絞り出す。

❸　400Wの電子レンジで30秒加熱し、上下をひっくり返して20秒加熱する。粗熱が取れたら、紙コップからはずす。

❹　竹炭のスポンジを器にのせ、鮪2切れを上にのせて仕上げる。

カルボナーラの再構築

カラー写真は49ページ

材料（4人前）

- 全卵……4個
- 塩……適宜
- 白トリュフオイル……8mℓ
- パンチェッタと生クリームのソース
  - パンチェッタ……40g
  - 38％生クリーム……200mℓ
- ペコリーノ・ロマーノ……適宜
- パルミジャーノ・レッジャーノ……適宜
- 黒こしょう……適宜

作り方

卵にトリュフオイルを注入する

❶ 沸騰した湯に塩ひとつまみを入れ、冷たい卵を加えて4分半ゆでる。
❷ 氷水に入れて完全にさまし、殻をむく。
❸ 注射器に白トリュフオイルを入れ、卵の中央（卵黄部分）に針を刺して2mℓ注入する。そのまま卵がパンッと張りつめるまで空気を注入する。

ソースを作って仕上げる

❶ パンチェッタは4〜5cm長さの細い棒状に切り、フライパンで香りが出るまで炒める。
❷ 生クリームを加えて沸騰させ、とろみがつくまで煮詰める。必要なら塩で味を調える。
❸ 器にソースを敷き、ペコリーノ・ロマーノ、パルミジャーノ・レッジャーノをマイクロプレーンで細かく削り、同量を器に盛る。
❹ 卵をのせ、黒こしょうを挽きかける。

グリーンカレーのエスプーマ

カラー写真は47ページ

材料（約4人前）

- グリーンカレーペースト
  - コリアンダーシード……小さじ1
  - クミンシード……小さじ½
  - 塩……小さじ1
  - 白粒こしょう……小さじ1
  - コブミカンの皮……小さじ1
  - タイ生姜（ガランガル）……大さじ1
  - レモングラス……4本
  - コリアンダーの葉……2本
  - 青唐辛子……30本
  - シシトウ……2本
  - にんにく……4片
  - 玉ねぎ……大さじ4
  - カピ……小さじ2
- 無塩バター……適宜
- ココナッツクリーム……適宜

＊カピは、タイ料理で使われる、小海老や小魚などを潰して発酵させたペースト状の調味料。
＊グリーンカレーペーストは市販品でも可。

作り方

❶ コリアンダーシードとクミンシードを香りが出るまで煎り、塩、こしょうを加えてミルサーで粉砕する。
❷ カピ以外の材料を加えてミルサーにかけ、混ざったらカピを加えて混ぜ合わせる。
❸ バターを敷いた鍋にグリーンカレーペーストを入れ、香りが出るまで炒める。ココナッツクリームとバターを少しずつ加えて伸ばす。一般的なグリーンカレーよりも粘度が強くなるよう、固めに仕上げる。
❹ エスプーマのサイフォンに入れて亜酸化窒素ガスを充填する。
❺ 鍋などに絞り出し、スプーンですくってグラスに盛りつける。

黒毛和牛

カラー写真は53ページ

材料（4人前）

パルメザンチーズのフェイクニョッキ
- パルメザンチーズ……400g
- 42％生クリーム……400mℓ
- 無塩バター……40g

黒毛和牛シンタマ肉……500g
マルドンの塩……適宜
黒こしょう……適宜

作り方

パルメザンチーズのフェイクニョッキを作る

❶ パルメザンチーズはマイクロプレーンでごく細かく削り、鍋に入れる。生クリームを加え、弱火でチーズを溶かす。

❷ 火からはずし、バターを加えて余熱で溶かす。粗熱が取れたら冷蔵庫で冷やす。

❸ 固まったらひと口大に丸める。

肉を焼いて仕上げる

❶ 牛肉を真空にかけ、60℃のウォーターバスに1時間半入れ、中心温度を60℃にする。

❷ 袋から取り出し、水気を拭き取って5分休ませる。

❸ 金串を等間隔に5本刺す。

❹ 備長炭を使い、強火の近火で表面に焼き色をつける。余分な脂を落とし、燻香をまとわせる。

❺ 焼いた時間と同じだけ休ませる。

❻ 好みの形に切り分けて、皿に盛りつけ、マルドンの塩をふる。

❼ パルメザンチーズのフェイクニョッキを3つ盛りつけ、黒こしょうを挽きかける。

ダック＆スモーク

カラー写真は55ページ

材料（4人前）

鴨胸肉……1枚
マルドンの塩……適宜
ダークチェリー……12個
25年熟成バルサミコ酢……適宜

作り方

❶ 鴨胸肉を真空にかけ、61℃のウォーターバスに2時間半〜3時間入れ、中心温度を61℃にする。

❷ 袋から取り出し、水気を拭き取って5分休ませる。

❸ 皮面を下にしてフライパンにのせ、弱火〜中火で焼く。

❹ 出てきた脂で揚げ焼きにする感覚で香ばしい焼き目がつくまで焼き、ガス台の上など温かい場所で3〜5分休ませる。

❺ 縦に4等分し、皿に盛る。断面にマルドンの塩をふる。

❻ ダークチェリーを半割にして種を取り除き、皿に並べる。穴部分にバルサミコ酢をたらす。

❼ スモークガンに桜のチップを入れて火をつける。料理を供したさいに、サービスマンがスモークガンを持って客席をまわり、空間に燻香を漂わせる。

0.8番コンソメ

カラー写真は59ページ

材料（約100人前）

フォン・ブラン（出来上がりは約25ℓ）

水素水	35ℓ
昆布	適宜
鶏ガラ	8kg
牛骨	2kg
ツメ鶏	2羽
牛すじ肉	3kg
玉ねぎ	1.5kg
にんじん	1.5kg
セロリ	750g
かぶ	1束
洋ねぎ	1本
にんにく	3株
岩塩	30g

クラリフェ用

牛粗挽き肉	6kg
鶏もも挽き肉	2kg
塩	50g
赤ワイン	500mℓ
コニャック	100mℓ
玉ねぎ	500g
セロリ	400g
にんじん	300g
洋ねぎ	200g
卵白	1.5〜1.7kg
クローブ	適宜
黒こしょう	適宜
にんにく	1個
トマト	500g

作り方

フォン・ブラン用の水を準備する

❶ 水道水を中空糸膜フィルターと逆浸透膜フィルターで濾過し、純水に近い水を作る。

❷ ①の一部を電気分解して作った水素と酸素ガスを①に約2時間曝気させて水素水を作る。

❸ 水素水に昆布を入れ、常温で一晩おき、昆布のうま味を溶かした昆布水を作る。

フォン・ブランを作る

❶ 鶏ガラ、牛骨、ツメ鶏、牛すじ肉は余分な脂などを取り除き、それぞれゆでこぼす。

❷ 玉ねぎとにんじんは皮をむいてざく切りし、セロリ、かぶ、洋ねぎは皮つきのままざく切りする。にんにくは横半分に切る。

❸ 鍋に①と昆布水を入れて沸騰させ、アクを取り除く。

❹ 弱火にし、3時間煮込む。②、岩塩を加え、さらに2時間煮る。

❺ トータルで5〜6時間煮たらシノワで漉し、25〜26ℓになるまで煮詰める。肉の状態によって、煮詰め具合は異なるので、味を見て確認する。一晩寝かせる。

クラリフェする

❶ 一晩寝かせたフォン・ブランの上に浮いている脂をきれいに取り除き、沸騰させる。

❷ 別鍋に牛粗挽き肉と鶏もも挽き肉を入れ、塩を加えてよく練り合わせる。

❸ 赤ワイン、コニャック、みじん切りにした玉ねぎ、セロリ、にんじん、洋ねぎを加えてよく混ぜ合わせ、卵白を加えてさらに混ぜ合わせる。

❹ ①を少しずつ加えて混ぜ合わせ、弱火にかける。混ぜながらじっくり煮込む。

❺ 肉が固まりはじめ、鍋底から浮いてきたら混ぜるのを止め、静かにわかす。

❻ 真ん中にレードル程度の穴を開け、対流を一定にする。

❼ クローブ、黒こしょう、塩、横半分に切ったにんにくとトマトを加え、45分〜1時間15分煮込む。肉の香りがピークに達したところでクラリフェを終え、すぐに紙漉しする。

❽ 熱いうちにグラスに注ぎ、グラスを回して温め、湯気と香りが立ったらいったん鍋に戻す。

❾ 70℃にさましたコンソメ90mℓを再度注いで供する。

キャビア最中original

カラー写真は61ページ

材料（4人前）

ルバーブのコンフィチュール	
ルバーブ	200g
グラニュー糖	80g
レモン汁	適宜
全卵	1個
玉ねぎ	5g
シブレット	3g
最中の皮	4組
サワークリーム	20g
ベルギー産オシェトラキャビア	40g

作り方

ルバーブのコンフィチュールを作る

❶　ルバーブを1㎝程度の輪切りにし、グラニュー糖の半分をよくまぶし、半日寝かす。

❷　中火にかけ、沸騰したら弱火にし、ゆっくり煮る。

❸　10分ほどして形が崩れてきたら残りのグラニュー糖、レモン汁を加えてさらに5分ほど煮込む。

❹　完全にさまし、冷蔵庫に保存する。

最中を組み立てる

❶　卵は固ゆでにし、みじん切りにする。玉ねぎはみじん切りにし、シブレットは細かく刻む。

❷　最中の皮にサワークリームを塗りつけ、玉ねぎ、卵、シブレット、コンフィチュールの順にのせ、キャビアを盛る。皿にのせ、最中の皮を立てかけて仕上げる。

トリュフ目玉焼きトースト

カラー写真は65ページ

材料（4人前）

ソース・ポルト	
ポルト酒	450㎖
マデラ酒	450㎖
フォン・ド・ヴォー	2ℓ
食パン（8枚切り）	4枚
ボルディエ有塩バター	適宜
全卵	4個
ラルド（36か月熟成）	適宜
イタリアンパセリ	適宜
フルール・ド・セル	適宜
黒トリュフ	適宜
パルメザンチーズ	適宜

作り方

ソース・ポルトを作る

❶　ポルト酒とマデラ酒を鍋に入れ、⅓量になるまで煮詰める。

❷　フォン・ド・ヴォーを加えてさらに煮詰め、濃度を調整する。

仕上げる

❶　食パンを直径7㎝の丸抜き型で抜き、さらに中央を4㎝の丸抜き型で抜いて、ドーナツ形にする。サラマンダーの中火で両面をこんがり焼く。

❷　ボルディエ有塩バターを食パンにたっぷりしみ込ませ、フライパンにのせる。

❸　卵白の量をやや減らした全卵を食パンの穴に入れる。卵白が固まる程度に軽く焼く。

❹　皿の中央に③を盛りつけ、薄く切ったラルドをパンの上にのせる。

❺　イタリアンパセリの葉を飾り、パルメザンチーズをマイクロプレーンですりかける。フルール・ド・セルをふる。

❻　ソース・ポルトをまわりに流し、黒トリュフをたっぷり削りかける。

昆布締めにした仔牛と牡蠣のタルタル

カラー写真は63ページ

材料（4人前）

昆布締めにした仔牛と牡蠣のタルタル
- 仔牛シンタマ肉 …… 40g
- 昆布 …… 適宜
- 牡蠣 …… 40g
- ホワイトセロリ …… 10g
- エシャロット …… 8g
- シブレット …… 3g
- 生姜 …… 3g
- 冷燻オリーブオイル …… 10㎖
- 醤油 …… 2滴
- 冷凍解凍卵黄 …… ⅓個分

レディクション
- エシャロット …… 1個
- 黒粒こしょう …… 3g
- シャンパンヴィネガー …… 100㎖
- エストラゴン …… 2本
- サワークリーム …… 100g
- 塩 …… 適宜

アーティチョーク …… 1個
サラダオイル …… 適宜
からし菜 …… 適宜
パールオニオン …… 1個

＊冷燻オリーブオイルは桜のチップで冷燻したもの。
＊冷凍解凍卵黄は、全卵を冷凍して解凍し、卵黄だけを取り出したもの。

作り方

タルタルを作る

❶ 仔牛肉は、薄いそぎ切りにし、2枚の昆布で挟み、20～30分おいて昆布締めする。
❷ 昆布から仔牛肉を取り出し、5㎜程度の粗みじん切りにする。
❸ 牡蠣は表面だけを軽くゆで、5㎜程度の粗みじん切りにし、②と混ぜ合わせる。
❹ みじん切りにしたセロリ、エシャロット、シブレット、すりおろした生姜、冷燻オリーブオイル、醤油、卵黄を混ぜ合わせる。

レディクションを作る

❶ サワークリームと塩以外のレディクションの材料を鍋に入れ、水分がなくなるまで煮詰める。粗熱が取れたら冷蔵庫に入れ、完全に冷やす。
❷ サワークリームを混ぜ合わせ、塩で味を調える。

仕上げる

❶ アーティチョークは皮をむいて薄切りにし、180℃のサラダオイルできつね色に揚げる。
❷ 直径5.5㎝のセルクルにタルタルを詰め、皿にのせてセルクルをはずす。
❸ ②の上にアーティチョークのチップス、からし菜を盛りつけ、パールオニオンを脇に飾る。
❹ レディクションを添えて仕上げる。

SOM TAM la Mer

カラー写真は67ページ

材料（4人前）

車海老	4尾
塩	適宜
コブミカンの葉	1〜2枚
タイム	2本
ピュア・オリーブオイル	適宜
パールオニオンのピクルス（出来上がりは約20g）	
パールオニオン	4個
シャンパンヴィネガー	100mℓ
タイム	1本
コリアンダーシード	5粒
グラニュー糖	20g
塩	5g
コリアンダーオイル	
コリアンダーの葉	1束
太白ごま油	100mℓ
青パパイヤ	40g
ヴィネグレット	
クミンパウダー	5g
塩	10g
白こしょう	3g
シャルドネヴィネガー	30mℓ
シェリーヴィネガー	15mℓ
エクストラバージン・オリーブオイル	100mℓ
アボカドのワカモレ	
アボカド	1個
ライム汁	適宜
ピマンデスペレット	適宜
塩	適宜
ピュア・オリーブオイル	適宜
北寄貝	2個
無塩バター	適宜
醤油	適宜
ピマンデスペレット	適宜
芽ねぎ	適宜

作り方

車海老をマリネする

❶ 車海老は生きた状態で65℃の湯に入れ、表面が赤くなるまで約30秒ゆで、すぐ氷水に落として締める。

❷ 殻と背わたをはずし、塩をふる。コブミカンの葉、タイム、少量のオリーブオイルと一緒に真空にかけ、冷蔵庫で3時間寝かせる。

材料の下準備をする

❶ パールオニオンは皮をむいてばらし、シャンパンヴィネガー、タイム、コリアンダーシード、グラニュー糖、塩で1日マリネし、ピクルスにする。

❷ コリアンダーの葉はざく切りにし、太白ごま油と一緒にミキサーにかける。紙漉しし、コリアンダーオイルを作る。

❸ 青パパイヤはせん切りにし、塩もみして余分な水分を出す。

❹ オリーブオイル以外のヴィネグレットの材料を混ぜ合わせ、エクストラバージン・オリーブオイルを加えてさらによく混ぜ合わせて乳化させる。

❺ 青パパイヤの水分をキッチンペーパーで拭き取り、④とあえる。

❻ アボカド、ライム汁、ピマンデスペレット、塩、オリーブオイルをミキサーで回し、ワカモレを作る。

仕上げる

❶ 北寄貝は殻をはずして掃除し、叩いて身を引き締める。ひもをはずし、ひもだけさっとゆでる。

❷ 車海老を取り出し、北寄貝と一緒にバターと醤油を入れたフライパンで香りづける程度にさっと炒める。

❸ 器にアボカドのワカモレを敷き、半分に切った車海老と北寄貝を盛りつける。パールオニオンのピクルスをのせ、中にコリアンダーオイルをたらす。

❹ 青パパイヤをのせ、ピマンデスペレットをふりかける。芽ねぎを飾って仕上げる。

フランス・ランド産ピジョンのロースト

カラー写真は69ページ

材料（2人前）

ホワイトアスパラガス……2本
仔鳩……1羽
サラダオイル……適宜
フルール・ド・セル……適宜

作り方

ホワイトアスパラガスを焼く

❶　ホワイトアスパラガスは皮つきのまま炭床の中に入れ、表面が黒く焦げるまでよく焼く。

❷　穂先を残して皮をむく。

仔鳩を焼いて仕上げる

❶　仔鳩は丸のまま冷蔵庫に3日入れ、冷蔵庫の風を当てながら表面をよく乾かす。

❷　冷蔵庫から取り出し、扇風機で表面を乾かしながら常温に戻す。

❸　サラダオイルを敷いたフライパンで仔鳩の皮目を焼き、300℃のオーブンでロゼ色になるように焼き上げる。

❹　炭床に網をのせ、軽い燻香をまとわせる。胸肉ともも肉に切り分ける。

❺　ココットに藁を敷き詰め、火をつけて煙が出たら仔鳩をのせて蓋をし、10秒ほど燻製する。

❻　皿にアスパラガスをのせ、仔鳩を盛りつける。フルール・ド・セルを添える。

白いか　コールラビ　夏みかん

カラー写真は73ページ

材料（30人前）

白いか	1杯
コールラビ	1個
夏みかんの皮	3個分
夏みかんのラヴィゴットソース	
ケッパー	50g
コルニッション	50g
エシャロット	30g
夏みかんコンフィチュール	100g
シェリーヴィネガー	30mℓ
ジュ・ド・プーレ	50mℓ
ヘーゼルナッツオイル	40mℓ
アーモンドオイル	40mℓ
くるみオイル	40mℓ
マイクロセルフィユ	適宜

＊ケッパーは水で塩気を抜いておく。
＊夏みかんコンフィチュールは、夏みかんの果肉を10％のグラニュー糖と一緒に煮詰めたもの。

作り方

夏みかんパウダーを作る

❶ 夏みかんの皮を3回ゆでこぼし、70℃のコンベクションオーブンで10時間乾燥させる。

❷ ミルサーで粉末状にする。

夏みかんのラヴィゴットソースを作る

❶ ケッパー、コルニッション、エシャロットはみじん切りにする。

❷ オイル以外の材料を混ぜ合わせ、オイル類を加えてよく混ぜ合わせて乳化させる。

仕上げる

❶ いかは内臓とエンペラ、骨を取り除き、表皮をはずす。白い薄皮は紙でこするときれいにはずせる。ごく薄いそぎ切りにする。

❷ コールラビの皮をむき、スライサーで薄切りにする。

❸ いか、コールラビを混ぜ合わせ、皿に盛りつける。

❹ 夏みかんのラヴィゴットソースをクネル形にして添え、③に夏みかんパウダーをふり、マイクロセロフィユを飾る。

ピスタチオ　よもぎ

カラー写真は81ページ

材料（16人前）

ピスタチオ豆腐	
（14×10㎝、深さ2㎝の枠を使用）	
水	500mℓ
グラニュー糖	130g
トレハロース	20g
ピスタチオペースト	50g
本葛粉	50g
アガー	5g
ピスタチオオイル	適宜
よもぎソース	
よもぎ	100g
シロップ	100mℓ
アガー	全体の2％量

＊シロップは、水とグラニュー糖を5：1で混ぜ合わせたもの。

作り方

ピスタチオ豆腐を作る

❶ すべての材料を鍋に入れ、混ぜ合わせながら沸騰させる。

❷ 沸騰したら弱火にし、ゆっくりと混ぜ続けながら、つやが出るまで15分程度炊く。

❸ ピスタチオオイルを塗った枠に流し、粗熱が取れたら冷蔵庫で固める。

よもぎソースを作る

❶ よもぎをゆでこぼし、氷水に落とす。

❷ 水気をふき取り、シロップと一緒にミキサーでまわす。

❸ 紙漉しし、アガーを加える。沸騰したら色が飛ばないうちにすぐ火からはずしてシノワで漉し、氷水で急冷して固める。

❹ 固まったらハンドミキサーで回してなめらかにし、シノワで漉す。

盛りつける

❶ 器によもぎソースを流し、ピスタチオ豆腐を2.5×3.5㎝に切り分けてのせる。

❷ ピスタチオ豆腐の表面にピスタチオオイルを塗ってつやを出す。

かぶ　フロマージュ・ブラン　白海老

カラー写真は75ページ

材料（4人前）

フロマージュ・ブランのブラン・マンジェ
- フロマージュ・ブラン …… 100g
- サワークリーム …… 50g
- 47％生クリーム …… 200㎖
- 牛乳 …… 40㎖
- 板ゼラチン …… 4g

かぶ（葉も使用する） …… 1束
塩 …… 適宜
クールブイヨン …… 適宜
アガー …… かぶの葉ピュレの3％量
レモンタイムオイル
- レモンタイムの葉 …… 30g
- エクストラバージン・オリーブオイル …… 150㎖

フルール・ド・セル …… 適宜
白海老 …… 100g
黒こしょう、レモン汁 …… 各適宜

作り方

フロマージュ・ブランのブラン・マンジェを作る

❶　フロマージュ・ブランとサワークリームを混ぜ合わせ、生クリームを少しずつ加えてダマができないように混ぜ合わせる。

❷　70℃程度まで温めた牛乳に水で戻したゼラチンを加えて溶かす。

❸　①に②を少しずつ加えながら混ぜ合わせる。シノワで漉し、冷蔵庫で冷やし固める。

かぶの葉ソースを作る

❶　かぶは、葉と根に分け、葉は塩ゆでし、氷水に落として色止めする。根は薄切りしやすいように常温に戻しておく。

❷　葉をミキサーに入れ、同量の冷たいクールブイヨンを加え、ピュレ状にする。

❸　紙漉しし、アガーを加える。沸騰したら色が飛ばないうちにすぐ火からはずしてシノワで漉し、氷水で急冷して固める。

❹　固まったらハンドミキサーで回してなめらかにし、シノワで漉す。

レモンタイムオイルを作る

❶　レモンタイムの葉とオリーブオイルをパコジェットの容器に入れて冷凍する。

❷　パコジェットを回してピュレ状にし、紙漉しする。

盛りつける

❶　フロマージュ・ブランのブラン・マンジェをスプーンで40g程度を半円形にくり抜き、皿にのせる。フルール・ド・セルをふりかける。

❷　かぶの根を薄切りにし、丸めて円錐状に形を整え、①に刺す。ブラン・マンジェが見えなくなるように隙間なく刺し、花のように整える。

❸　かぶの葉ソースに殻と頭を取った白海老を加え、塩、こしょう、レモン汁を混ぜ合わせて味を調える。

❹　数か所に散らし、レモンタイムオイルをかけて仕上げる。

クールブイヨン

材料

水 …… 500㎖
玉ねぎ …… 100g
にんじん …… 100g
セロリ …… 100g
タイム …… 6〜7枚
黒粒こしょう …… 小さじ1

作り方

❶　玉ねぎ、にんじんは皮をむき、セロリは皮つきのままそれぞれ薄切りする。

❷　沸騰した湯に①を加え、中〜弱火で15分ほど煮る。

❸　火を止めてタイムとこしょうを加え、蓋をして5分蒸らす。シノワで漉し、氷水で冷やす。

地金目鯛　ホタルイカ　チョリソ

カラー写真は79ページ

材料（4人前）

ホタルイカとチョリソのソース
- チョリソ……40g
- ピュア・オリーブオイル……適宜
- 根三つ葉の茎……30g
- フュメ・ド・ポワソン……120mℓ
- クールブイヨン（133ページ）……60mℓ
- 塩、黒こしょう……各適宜
- 水溶き本葛粉……適宜
- ホタルイカ……12杯
- レモン汁……15g

根三つ葉オイル
- 根三つ葉の葉……40g
- エクストラバージン・オリーブオイル……150mℓ

金目鯛……480g
ピュア・オリーブオイル……適宜
フルール・ド・セル……適宜
クレイトニアの花……適宜

作り方

ホタルイカとチョリソのソースを作る

❶　オリーブオイルを敷いた鍋にみじん切りにしたチョリソを入れ、香りが出るまで炒める。

❷　みじん切りにした根三つ葉の茎を加えてさっと炒め、フュメ・ド・ポワソン、クールブイヨンを加えて沸騰させる。

❸　水溶き本葛粉を加えて濃度をつけ、塩、こしょうで味を調える。

❹　ホタルイカは内臓を崩さないように注意しながら、足と内臓を胴体からはずし、骨、目、くちばしを取る。

❺　オリーブオイルを入れたフライパンでさっと炒め、塩、こしょうをふる。

❻　レモン汁を加えてうま味をこそげ取り、③に加えて混ぜ合わせる。

根三つ葉オイルを作る

❶　根三つ葉の葉とオリーブオイルをパコジェットの容器に入れて冷凍する。

❷　パコジェットを回してピュレ状にし、紙漉しする。

金目鯛を焼いて仕上げる

❶　金目鯛は常温に戻す。

❷　フライパンにオリーブオイルを敷き、強火にかけてよく温める。

❸　金目鯛の皮面を下にして入れ、皮の水分が抜けて焼き色がつくまで焼く。

❹　皮が焼けたら、ごく少量のオリーブオイルを塗ったパイ皿に皮を上にしてのせ、300℃のオーブンで3分程度焼く。焼き時間は身の厚みや水分量によって調節する。

❺　取り出して120gに切り分け、皿に盛る。断面にフルール・ド・セルをふる。

❻　ソースをまわりにかけ、クレイトニアの花を飾る。花のまわりに根三つ葉オイルをふって仕上げる。

初鰹　ブルーチーズ

カラー写真は77ページ

材料（4人前）

初鰹……250g
ピュア・オリーブオイル……適宜
大葉オイル
　大葉……40g
　エクストラバージン・オリーブオイル……150mℓ
エシャロットとレーズンのマリネ
　エシャロット……30g
　レーズン……50g
　ベルジュ……適宜
ビーツソース
　ビーツ……100g
　クールブイヨン……100mℓ
　アガー……ビーツピュレの3%量
アイスパウダー
　ヤギのブルーチーズ……100g
　35%生クリーム……50mℓ
　牛乳……50mℓ
　ベルジュ……50mℓ
　シェリーヴィネガー……40mℓ
　シャンパンヴィネガー……40mℓ
　レモン汁……30mℓ
　ディジョンマスタード……25g
フルール・ド・セル……適宜
アマランサス、シブレットの花……各適宜

作り方

大葉オイルを作る

❶　大葉とオリーブオイルをパコジェットの容器に入れて冷凍する。

❷　パコジェットを回してピュレ状にし、紙漉しする。

エシャロットとレーズンのマリネを作る

❶　エシャロットは薄切りにし、レーズンと一緒にベルジュで一晩マリネする。

ビーツソースを作る

❶　ビーツを皮つきのまま柔らかくなるまでゆでる。皮をむき、ざく切りにする。

❷　ビーツをミキサーに入れ、同量の冷たいクールブイヨンを加え、ピュレ状にする。

❸　紙漉しし、アガーを加える。沸騰したらすぐ火からはずしてシノワで漉し、氷水で急冷して固める。

❹　固まったらハンドミキサーで回してなめらかにし、シノワで漉す。

アイスパウダーを作る

❶　すべての材料を混ぜ合わせ、エスプーマに入れる。亜酸化窒素ガスを充填する。

❷　ボウルに液体窒素を入れ、①を絞り入れる。泡立て器で砕く。

❸　よく冷やしておいたロボクープに②を入れ、粉砕する。

鰹を焼く

❶　鰹は血合いを入れないようにさくに切り分け、身に薄くオリーブオイルを塗る。

❷　よく熱したグリヤードで皮面をしっかり焼き、焼き色と香りを十分につける。

❸　身側は焼き色がつく程度に全体を焼き、1.5㎝厚さに切り分ける。

盛りつける

❶　ビーツソースを皿に敷き、鰹をのせる。

❷　鰹の断面に大葉オイルを塗り、フルール・ド・セルをふりかける。

❸　アマランサス、シブレットの花を飾り、アイスパウダーを全体に散らす。

米

カラー写真は83ページ

材料（20人前）

リ・オ・レ（出来上がりは約50人前）

- 牛乳……400mℓ
- グラニュー糖……30g
- バニラ棒……⅓本
- 生米……100g
- 47％生クリーム……100mℓ
- グラニュー糖（シャンティ用）……10g

メロンシート

- シロップ……1400mℓ
- ペクチン……21g
- アガー……42g
- メロンリキュール……14mℓ

メロンピュレ

- メロン果肉……適宜
- レモン汁……適宜
- シロップ……適宜

日本酒アイスパウダー

- 牛乳……200mℓ
- 35％生クリーム……100mℓ
- シロップ……50mℓ
- 板ゼラチン……4g
- 日本酒（鳳凰美田）……100mℓ

＊シロップは、水とグラニュー糖を2：1で混ぜ合わせたもの。

作り方

リ・オ・レを作る

❶ 鍋に牛乳とグラニュー糖を入れ、バニラのさやを裂いて種を取り出し、さやと一緒に入れて沸騰させる。

❷ 生米を加え、中～弱火で柔らかくなるまで15分ほど煮る。煮詰まりすぎたときは牛乳を少量加えて伸ばす。

❸ ボウルに移し、氷水で完全に冷やす。

❹ グラニュー糖を加えて8分立てにした生クリームを加え、さっくりと混ぜ合わせる。

メロンシートを作る

❶ シロップにペクチンとアガーを加え、混ぜながら沸騰させる。

❷ メロンリキュールを加えて軽く混ぜ合わせ、シノワで漉す。

❸ 3㎜厚さになるようにバットに流し、粗熱が取れたら冷蔵庫で冷やし固める。

❹ 直径8㎝のセルクルで丸く抜く。

日本酒アイスパウダーを作る

❶ 牛乳、生クリーム、シロップを鍋に入れて60℃まで温め、水で戻したゼラチンを加えて溶かし、シノワで漉す。

❷ 日本酒を加えてよく混ぜ合わせ、エスプーマに入れる。亜酸化窒素ガスを充填する。

❸ ボウルに液体窒素を入れ、②を絞り入れる。泡立て器で砕く。

❹ よく冷やしておいたロボクープに③を入れ、粉砕する。

メロンピュレを作る

❶メロン果肉をミキサーで回し、レモン汁とシロップで味を調える。漉して冷やす。

盛りつける

❶ メロンシートの中央にリ・オ・レをスプーンでのせ、メロンシートを半分に折り畳む。

❷ 皿に①を２つのせ、メロンピュレをかける。日本酒アイスパウダーを全体にふりかける。

ボタン海老とボタン海老のアメリケーヌソース

カラー写真は89ページ

材料（50人前）

ボタン海老のアメリケーヌソース

ボタン海老の頭と殻	合わせて250g
サラダオイル	適宜
にんにく	½個
にんじん	½本
玉ねぎ	¼個
塩	適宜
トマト	1個
トマトペースト	大さじ1
ブランデー	75㎖
水	適宜

3種のチーズパウダー

カッテージチーズ	100g
マスカルポーネ	100g
クリームチーズ	200g
45％生クリーム	適宜
塩、黒こしょう	各適宜
ボタン海老	50尾

作り方

ボタン海老の
アメリケーヌソースを作る

❶　頭と殻を天板に並べ、サラダオイルを全体にふりかける。170℃のオーブンで40分焼く。焦げると苦味が出るので、焦がさないように注意。

❷　横半分に切ったにんにく、サラダオイルを鍋に入れて中火にかけ、香りが出たら、薄切りにしたにんじん、玉ねぎ、塩を加え、しんなりするまで炒める。

❸　①、トマト、トマトペーストを加えて軽く炒め、ブランデーを加えてアルコール分を飛ばす。

❹　ひたひたの水を加えて沸騰させ、弱火にし、アクを取りながら2〜3時間煮込んで、⅓量まで煮詰める。

❺　殻や頭を潰しながらシノワで漉し、さます。

3種のチーズパウダーを作る

❶　カッテージチーズとマスカルポーネを混ぜ合わせ、キッチンペーパーで巻き、真空にかける。クリームチーズも別にキッチンペーパーで巻き、同様に真空にかける。

❷　毎日キッチンペーパーを新しく巻き直しながら、冷蔵庫で3日間かけて脱水する。

❸　3日たったら真空から出し、パコジェットの容器に入れて冷凍する。

仕上げる

❶　アメリケーヌソースに、生クリームを2：1の割合で混ぜ合わせ、塩、こしょうで味を調える。

❷　3種のチーズをパコジェットにかけてパウダー状に粉砕する。

❸　ボタン海老は殻と頭をはずし、頭は飾り用に殻をよく洗う。

❹　器に①を敷き、ボタン海老をのせ、頭の殻を飾る。

❺　3種のチーズパウダーをボタン海老にふりかけて仕上げる。

冷やしリングイネ　四川ソース　新玉ねぎのアイス添え

カラー写真は87ページ

材料（50人前）

四川ソース（出来上がりは約50人前）

上白糖	100g
醤油	100mℓ
老油（中国のたまり醤油）	90mℓ
米酢	40mℓ
黒酢	50mℓ
鶏湯（鶏ガラスープ）	150mℓ
朝天唐辛子粉末	40g
にんにく（すりおろし）	40g
生姜（すりおろし）	40g
麻油	200mℓ
辣油	30mℓ
花椒油	30mℓ

新玉ねぎのアイスクリーム

新玉ねぎ	800g
牛乳	500g
トレモリン	30g
塩	適宜

豚挽き肉	750g
サラダオイル	適宜
日本酒	適宜
醤油	適宜
リングイネ	2.5kg
ごま油	適宜
松の実	適宜
セルフィユ	適宜

作り方

四川ソースを作る

❶　麻油、辣油、花椒油以外の材料をすべて混ぜ合わせる。

❷　麻油、辣油、花椒油を加え、よく混ぜ合わせる。

新玉ねぎのアイスクリームを作る

❶　新玉ねぎは皮をむいて蒸籠で3時間蒸す。

❷　ミキサーにかけてピュレ状にする。このうち300gを使用する。

❸　鍋に牛乳、新玉ねぎピュレ、トレモリンを入れ、弱火で10分煮込む。塩で味を調える。

❹　パコジェットの容器に入れて凍らせ、パコジェットでなめらかなアイスクリームにする。

仕上げる

❶　豚挽き肉はサラダオイルを入れた鍋できつね色になるまで炒め、日本酒、醤油を少量加えて軽く味をつける。完全にさます。

❷　塩を入れた湯でリングイネをアルデンテにゆで、冷水で洗って締める。

❸　リングイネに四川ソースを絡めて器に盛りつけ、①を大さじ1盛り、ごま油をたらす。

❹　新玉ねぎのアイスクリームをスプーンでクネル形にしてのせ、松の実とセルフィユを飾る。

海鮮餡のカダイフ揚げ
そら豆ソースと桜海老の香りを移したオイルをパウダーにして

カラー写真は91ページ

材料（24人前）

桜海老のオイル
- サラダオイル……200mℓ
- ねぎ……1本
- 生姜（薄切り）……2枚
- 桜海老……1kg

マルトセック……適宜

そら豆ピュレ
- そら豆……130g
- クリームチーズ……36g
- 上湯《シャンタン》……80mℓ
- 塩……ひとつまみ
- 45％生クリーム……12mℓ

海鮮餡
- バナメイ海老……300g
- 北寄貝……100g
- 豚の背脂……100g
- 白身魚すり身……100g
- 塩……7g
- 白こしょう……適宜
- 紹興酒……少々
- ごま油……少々
- 片栗粉……30g
- 上白糖……14g

薄力粉……適宜
全卵……適宜
カダイフ……適宜
サラダオイル……適宜
ナスタチウムの花……適宜

作り方

桜海老のオイルを作る

❶ サラダオイルを入れた鍋に、薄切りにしたねぎと生姜を入れ、中火で15分ほど炒めて香りを油に移す。
❷ シノワで漉して油を鍋に戻し、桜海老を加える。弱火で焦げないように1時間炒める。
❸ 容器に移し、冷蔵庫で冷やす。
❹ 上澄みの油だけを取り、マルトセックを加えて混ぜ合わせ、粉状にする。

そら豆ピュレを作る

❶ そら豆をさやから出し、塩ゆでする。
❷ ①と残りの材料をミキサーにかけ、シノワで漉す。

海鮮餡のカダイフ揚げを作って仕上げる

❶ 海老、北寄貝、豚の背脂をそれぞれ1cm角に切り分ける。
❷ ①、白身魚すり身を粘りが出るまで混ぜ合わせ、塩、こしょう、紹興酒、ごま油を加えて混ぜる。
❸ 片栗粉と上白糖を順に混ぜ合わせる。
❹ 桜海老オイルの海老だけを取り出してキッチンペーパーで油を拭き取り、餡に対して5：1の割合で加えて混ぜ合わせる。
❺ 25gずつに分けて棒状に形を整える。
❻ 薄力粉をまぶし、溶いた全卵にくぐらせたらカダイフを全体に巻きつける。
❼ 170℃のサラダオイルできつね色になるまで揚げる。
❽ 皿にそら豆ピュレを敷き、カダイフ揚げをのせる。
❾ カダイフ揚げの上に桜海老のオイルパウダーをふり、ナスタチウムの花びらを飾る。

平目のソテー
アサリのエキスとアサリとトランペット茸のソース

カラー写真は93ページ

材料（4人前）

平目	1尾
塩	適宜
水	100㎖
太白ごま油	適宜
アサリのエキス（出来上がりは約30人前）	
アサリ	1kg
水	1kg
日本酒	100㎖
羅臼昆布	5㎝角1枚
塩	適宜
トランペット茸（乾燥）	5g
ピュア・オリーブオイル	適宜
エシャロット	100g
塩	適宜
白ワイン	適宜
片栗粉	適宜
無塩バター	適宜

作り方

平目の下ごしらえ

❶ 平目をさばき、25gずつに切り分ける。

❷ 身の2％量の塩をふり、冷蔵庫で2時間締めて、臭みと水分を出す。

❸ キッチンペーパーで水分を拭き取る。水100㎖に対して太白ごま油大さじ1、塩1gを加えた液体に皮を上にして浸す。液体は、身のひたひた量まで注ぐこと。

❹ ガストロバックの常温・減圧モードに20分かけ、身に液体を含ませる。

アサリのエキスを作る

❶ 砂抜きしたアサリを水、日本酒、羅臼昆布と一緒に100℃のスチームコンベクションで3時間蒸す。

❷ シノワで漉し、塩で味を調える。アサリの身は付け合わせに使う。

付け合わせを作る

❶ アサリは殻からはずし、トランペット茸は水で戻しておく。

❷ オリーブオイルを敷いた鍋にエシャロットのみじん切りと塩を入れ、中火で炒める。

❸ エシャロットがしんなりしてきたら白ワインをかぶる程度に注ぎ、水分がなくなるまで煮詰める。

❹ アサリとトランペット茸を加え、弱〜中火で焦げないように炒め、水分を飛ばす。

平目を焼いて仕上げる

❶ 平目の皮面に片栗粉をまぶす。

❷ 太白ごま油を敷いたフライパンに皮面を下にしてのせ、中火で焼く。

❸ 皮面の水分が抜け、香ばしい焼き色がついたら、バターを少量を加えて香りづける。

❹ 裏返して中心がレアになるように軽く焼き、器にのせる。

❺ アサリとトランペット茸を添え、アサリのエキスを注いで仕上げる。

フォワグラのブリュレ　苺とマンゴーのソース
チャイナクレープで包んで

カラー写真は95ページ

材料（100人前）

フォワグラのブリュレ

- 鴨フォワグラ……2個
- 水……適宜
- 牛乳……適宜
- 塩……フォワグラに対して1%量
- グラニュー糖……フォワグラに対して0.5%量
- 黒こしょう……少々
- ブランデー……フォワグラに対して3%量
- アイスワイン……フォワグラに対して5%量

カソナード……適宜
チャイナクレープ……100枚
マンゴーピュレ……500g
いちご……25個

作り方

フォワグラのブリュレを作る

❶　フォワグラは細かな筋を取り除き、水と牛乳を同量で混ぜ合わせた液体に浸し、常温・減圧モードのガストロバックに10分入れて、臭みを取り除き、水でよく洗い流す。水分を拭き取り、布巾で巻いて1日寝かせる。

❷　塩、グラニュー糖、黒こしょう、ブランデー、アイスワインと一緒に真空にかけ、1日寝かせる。

❸　50℃のスチームコンベクションで20分加熱する。袋から取り出し、ザルにあけて油を切る。バットに移し、冷蔵庫で冷やす。冷えたら冷凍庫で固める。

❹　4×2㎝、厚み2㎝に切り分ける。カソナードを表面にふり、バーナーであぶる。

仕上げる

❶　チャイナクレープの片面をフライパンで軽く焼いて薄く焼き色をつける。

❷　マンゴーピュレ小さじ1、いちごの薄切り1枚、フォワグラのブリュレを①で包み、皿に盛りつける。

取材に
ご協力いただいた
シェフとお店の紹介

内藤泰治《ないとう・やすはる》

1967年生まれ。埼玉大学理学部卒業後「メルシャン」勤務を経て24歳から「オー・シザーブル」で給仕人として働き、31歳で独立開店。修業はせずに独学で学んだ料理の背後には、自由な発想と生命科学の知見がある。

サルキッチン
東京都中野区東中野1-22-13
☎03-3360-4220

本文
p4〜15

永島健志《ながしま・たけし》

1979年愛知県出身。18歳で自衛隊・護衛艦の調理室に配属されたのをきっかけに料理人を志す。都内にあるイタリア料理、スペイン料理、フランス料理のレストランで修業を積んだのち、スペインに渡る。「エル・ブリ」のフェラン・アドリア氏に師事し、その独創的な料理哲学に感銘を受ける。帰国後はソムリエ資格取得のために勉強を重ね、2年後の2012年に独立。ショースタイルの新しいサービスが話題を呼ぶ。15年に移転。

81（エイティワン）
東京都港区西麻布4-21-2 コートヤードHIROO
☎080-4067-0081

本文
p42〜55

鳴神正量《なるかみ・まさかず》

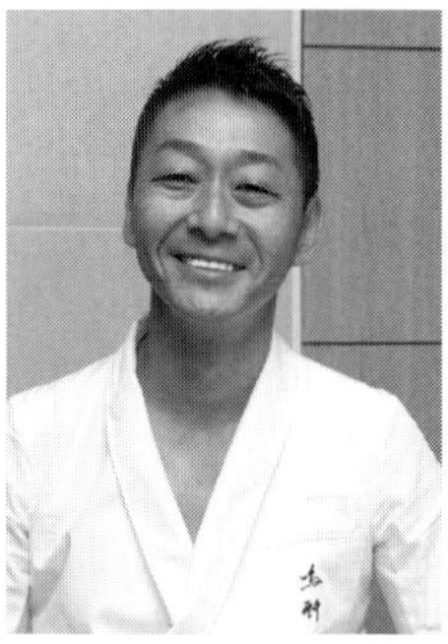

1971年兵庫県赤穂市出身。世田谷「しらとり」で3年修業後、六本木「エスペランス」を経て97年に渡仏。「メゾン・トロワグロ」での修業中には魚料理部門のシェフを任され、そのときの料理がグルメガイド本「ゴー・ミヨ」で20点満点中19点という高得点を獲得し、話題になった。2001年に新富町「ラ・ブリーズ・ドゥ・ヴァレ」のシェフに就任。03年に独立、14年に移転。

鳴 神
東京都港区南青山3-4-6　AOYAMA346 1F
☎03-6447-4866

本文
p30〜41

加山賢太《かやま・けんた》

1984年広島県出身。洋食店を営む父の影響で、幼少より料理人を志す。高校を卒業後は、「モナリザ」「リューズ」「ラトリエ・ドゥ・ジョエル・ロブション」「カンテサンス」など、フランス料理の名店で修業を重ねる。さらに「元麻布かんだ」に入店し、日本料理の技術を学ぶ。2014年に「マルゴット・エ・バッチャーレ」のシェフに就任。15年に開催された日本最大級の料理人コンペティション「RED U-35」では「ゴールドエッグ」を受賞。

マルゴット・エ・バッチャーレ
東京都港区西麻布4-2-6
☎03-3406-8776

本文
p56～69

山本英男《やまもと・ひでお》

1980年東京都出身。22歳で松濤「シェ・松尾 青山サロン」に入店。2年半修業したのち、都内と神奈川県内のレストラン数軒で修業を積む。28歳で恵比寿「ビストロ 間」の立ち上げに参加し、オープン2年目でシェフに就任する。2015年、「レストラン エール」のオープンにさいし、シェフに就任。

レストラン エール
東京都中央区銀座5-7-10 EXIT MELSA 8F
☎03-6264-5900

本文
p16～29

山本 雅《やまもと・まさし》

1985年和歌山県出身。辻学園調理師専門学校を卒業後、大阪の四川料理店で修業をはじめる。「スイスホテル南海大阪」内の「中国料理 エンプレスルーム」で4年間修業を積み、上京。「マサズキッチン」で繊細で美しいヌーベル・シノワの世界に魅了される。5年修業したのち、自身の料理に新たなエッセンスを加えるべく、麻布十番「ビストロ 釜津田」で、クラシックなフランス料理を学ぶ。16年に独立開店。

虎 峰
東京都港区六本木3-8-7
☎03-3478-7441

本文
p84～95

目黒浩太郎《めぐろ・こうたろう》

1985年神奈川県出身。服部栄養専門学校を卒業後、都内のフランス料理店数軒で修業を積み、渡仏。マルセイユの3つ星「ル・プティ・ニース」で研鑽を積む。帰国後は「カンテサンス」で2年半修業を積み、岸田氏の「本質」を追い求める姿勢に大きく影響を受ける。渡仏前から研修を受けるなど、かねてより親交の厚かった先輩・川手寛康氏から「フロリレージュ」の店舗を譲り受け、2015年に「アビス」をオープン。

アビス
東京都港区南青山4-9-9　AOYAMA TMIビル1F
☎03-6804-3846

本文
p70～83

撮　影　　南都礼子
デザイン　　津嶋デザイン事務所（津嶋佐代子）
企画・編集　　オフィスSNOW（畑中三応子、木村奈緒）

主な参考文献
『料理と科学のおいしい出会い　分子調理が食の常識を変える』
石川伸一（化学同人、2014年）

『Cooking for Geeks 第2版 料理の科学と実践レシピ』
Jeff Potter（ジェフ・ポッター）（オライリー・ジャパン、2016年）

おいしさと驚きの料理を作るサイエンス・レシピ

科学が創造する新しい味

発行日　2017年11月1日　初版発行
　　　　2018年7月10日　第2版発行

編　著　オフィスSNOW
発行者　早嶋　茂
制作者　永瀬正人
発行所　株式会社 旭屋出版
　　　　〒107-0052 東京都港区赤坂1-7-19 キャピタル赤坂ビル8階
　　　　電話　03-3560-9065（販売）
　　　　　　　03-3560-9066（編集）
　　　　FAX　03-3560-9071（販売）

旭屋出版ホームページ　http://www.asahiya-jp.com
郵便振替　00150-1-19572
印刷・製本　株式会社 シナノ パブリッシング プレス
ISBN978-4-7511-1309-7　C2077